Diccionario escolar enfocado

Lectura
Grados 4 y 5

San Antonio, Texas

Staff

Editorial

Merari Fierro
Contenidos

Alba Sánchez
Directora Editorial

Producción

Luis Díaz
Director de Diseño

Alejandro Flores
Director de Producción

Elida Lara
Formación

Arte

Mauricio Gómez
Ricardo Peláez
Sara Palacios
Aurora del Rosal
Ilustradores

Irla Granillo
Ilustración de Portada

Copyright © 2003 by Diaz Educational Group, Inc.

All rights reserved. No part of this publication may be reproduced or transmitted in any form or by any means, electronic or mechanical, including photocopy, recording, or any information storage and retrieval system, without permission in writing from the publisher. For information regarding permission, write to: Diaz Educational Group, Inc., 1777 NE Loop 410, Suite 617, San Antonio, Texas 78217. Diaz Educational Group and Diaz Educational Group logo are trademarks of Diaz Educational Group, Inc.

Printed in the United States of America

ISBN 1-932554-00-9

6 5 4 3 2 1   03 04 05 06 07

Contenido

Carta al lector **v**

Cómo usar este diccionario **vi-viii**

Diccionario de la A a la Z **1-236**

Índice inglés / español **237-261**

Querido amigo:

Tu ***Diccionario escolar enfocado*** para Lectura grados 4 y 5 es una útil herramienta de consulta acerca del significado de las palabras que lees en tus libros de texto de Lectura. Ponemos en tus manos la oportunidad de estimular tu curiosidad para comprender el significado de las palabras, su uso correcto en diferentes contextos y ampliar tu vocabulario.

El contenido de tu ***Diccionario escolar enfocado*** para Lectura grados 4 y 5 fue seleccionado de los programas educativos que llevas en tu escuela. Las definiciones están escritas en un lenguaje sencillo y con ejemplos de cómo usar las palabras en tu vida cotidiana. Además, coloridas ilustraciones facilitan tu comprensión de las palabras.

Tus papás y tus maestros son una guía importante en la gran aventura que es el uso del lenguaje. Disfruten e investiguen juntos palabras de uso común y aquellas de difícil comprensión con esta herramienta invaluable que es el ***Diccionario escolar enfocado*** para Lectura grados 4 y 5 que Diaz Educational Group pone en sus manos.

Los Editores

Cómo usar este diccionario

El *Diccionario escolar enfocado* para Lectura grados 4 y 5 es una guía para la comprensión y uso del idioma español.

Cada palabra está definida de manera sencilla. Las definiciones se tomaron del sentido como aparecen en tus libros de texto de Lectura. Encontrarás tanto palabras de uso frecuente que ya te son familiares como palabras de difícil comprensión.

El *Diccionario escolar enfocado* para Lectura grados 4 y 5 te ofrece una amplia selección de palabras, pero no necesariamente incluye a todos los términos que lees en tus libros de texto.

Para cada palabra se da un ejemplo de su uso. Además de sinónimos y antónimos que contribuyen a ampliar tu vocabulario.

Encontrarás ilustraciones que constituyen un apoyo visual del significado de las palabras que se definen en este diccionario. También encontrarás recuadros que explican otros significados que una palabra puede tener y cómo se usan en ese contexto.

Al final del diccionario encontrarás un índice ordenado alfabéticamente en inglés, que es una referencia rápida para las personas que no comprenden o están aprendiendo el español.

En la página siguiente se indican los elementos que encontrarás en tu *Diccionario escolar enfocado* para Lectura grados 4 y 5. La gran aventura apenas empieza. Tu imaginación y la de tus padres y maestros es el segundo ingrediente que necesitas para navegar en el fascinante mar de palabras que nos ayudan a comunicarnos con las demás personas. El primer ingrediente, ya lo tienes en tus manos, ¡úsalo y disfrútalo!

Palabra
La palabra seleccionada como se escribe en español.

Inglés
La palabra que corresponde en inglés a la palabra en español.

Palabras guía
Muestran la primera o la última palabra que aparece en una página del diccionario.

Definición
La explicación de lo que significa la palabra.

Categoría gramatical
Abreviaturas que indican si la palabra es un adjetivo, verbo, sustantivo, etcétera.

Sinónimos
Otras palabras que tienen un significado parecido a la palabra que se está definiendo.

Ejemplo
Oración que muestra cómo se usa la palabra en el contexto en que se define.

Antónimos
Palabras que tienen el significado opuesto a la palabra que se está definiendo.

Ilustraciones
Coloridas imágenes que representan lo que significa la palabra.

A a

acrecentó

acogidos [a•co•gi•dos] / **welcomed**
v. acoger Ofrecer hospitalidad. *ej.* Los niños fueron acogidos por los abuelos del desierto. *sin.* hospedados. *ant.* abandonados.

acompasaba [a•com•pa•sa•ba] / **rhythmic**
v. acompasar Acomodar el ritmo o la intensidad de algo. *ej.* El delfín se acompasaba al paso de las lanchas. *sin.* armonizaba.

acorde [a•cor•de] / **agreement**
adj. Que está de acuerdo con algo. *ej.* Los niños usan máscaras y llevan faroles de estrella acorde con la tradición del festival asiático de la Luna. *sin.* conforme. *ant.* disconforme.

Qué + significa
Varios sonidos combinados armónicamente. *ej.* Tocó el violín y el **acorde** llegó hasta mis oídos.

acordonar [a•cor•do•nar] / **cordon off**
v. Rodear un lugar con un cordón. *ej.* Tuvieron que acordonar las calles para que pasara el desfile. *sin.* cercar. *ant.* comunicar.

acosaban [a•co•sa•ban] / **harassed**
v. acosar Perseguir a alguien o algo sin descanso. *ej.* Sus sueños lo acosaban con su idea de recorrer el mundo. *sin.* asediaban. *ant.* tranquilizaban.

acre [a•cre] / **pungent**
adj. Cuando un olor es demasiado penetrante y ácido. *ej.* El olor acre de las caballerizas llegó hasta la terraza. *sin.* agrio. *ant.* dulce.

acrecentó [a•cre•cen•tó] / **increase**
v. acrecentar Aumentar el tamaño o cantidad de algo. *ej.* Su fortuna se acrecentó con la venta de este nuevo producto para limpiar muebles. *sin.* incrementó. *ant.* disminuyó.

5

Abreviaturas y recuadros

En este diccionario se usan algunas abreviaturas, que son una forma corta de escribir una palabra y van seguidas de un punto. Aparecen resaltadas en cursivas y en negritas. Las abreviaturas usadas en tu *Diccionario escolar enfocado* para Lectura grados 4 y 5 son las siguientes.

> *s.* = sustantivo
>
> *adj.* = adjetivo
>
> *v.* = verbo
>
> *adv.* = adverbio
>
> *ej.* = ejemplo
>
> *sin.* = sinónimo
>
> *ant.* = antónimo

Tu *Diccionario escolar enfocado* para Lectura grados 4 y 5, te ofrece información complementaria sobre las palabras que en él se definen.

Contiene otros significados o acepciones que tiene una palabra. Presentan la explicación del significado diferente y un ejemplo de su uso en ese contexto.

abolengo

abalanzó [a•ba•lan•zó] / forward
v. abalanzar Dirigirse bruscamente sobre algo o hacia algún lugar. *ej.* El pastel se veía tan delicioso que Lorenzo se abalanzó a probarlo. *sin.* precipitó, lanzó. *ant.* contuvo.

abalones [a•ba•lo•nes] / abalone
s. Abulón, caracol marino que se puede comer. *ej.* La señora Robles prepara una ensalada de abalones deliciosa.

abalorios [a•ba•lo•rios] / glass beads
s. Cuentas de vidrio pequeñas con un agujero que sirven para hacer collares. *ej.* Martha se veía elegante con aquellos abalorios en el cuello. *sin.* cuentas.

abarrotadas [a•ba•rro•ta•das] / pack
adj. Un lugar lleno de gente o cosas. *ej.* Las salas de cine estaban abarrotadas de gente por la nueva película de Steven Spielberg. *sin.* saturadas, atestadas. *ant.* vacías, despobladas.

abastecer [a•bas•te•cer] / supply
v. Dar lo necesario para lograr un objetivo. *ej.* Primero había que abastecer de pelotas al equipo de basquetbol. *sin.* surtir, proveer. *ant.* consumir, desguarnecer.

abatimiento [a•ba•ti•mien•to] / depression
s. Pérdida del ánimo. *ej.* No pude ocultar mi abatimiento al regalar a mi mascota preferida. *sin.* desánimo, depresión. *ant.* aliento, ánimo.

abolengo [a•bo•len•go] / ancestry
s. Tener antepasados nobles o ilustres. *ej.* Don Patricio presume de tener una familia de gran abolengo.

A a

abolicionistas

abolicionistas [a•bo•li•cio•nis•tas] / abolitionists
s. y *adj.* Personas que niegan una ley o costumbre, principalmente la esclavitud. *ej.* En el siglo XIX, los abolicionistas encabezaron un movimiento para terminar con la esclavitud en Estados Unidos.

abollado [a•bo•lla•do] / dented
adj. Que un objeto tiene varios golpes. *ej.* Encontró un antiguo cofre de metal, sucio y abollado. *sin.* deformado. *ant.* liso.

aborrecería [a•bo•rre•ce•rí•a] / detested
v. aborrecer Rechazo por una persona o cosa. *ej.* Aborrecería tener que comer sopa todos los días. *sin.* detestaría. *ant.* apreciaría.

abrevar [a•bre•var] / give water
v. Dar de beber al ganado. *ej.* Juan llevó a abrevar a las vacas. *sin.* beber, refrescar. *ant.* secar, deshidratar.

abrumada [a•bru•ma•da] / overwhelmed
adj. Está desconcertada por algo. *ej.* Thelma se sintió abrumada con las noticias desagradables que escuchó en la radio. *sin.* agobiada. *ant.* satisfecha.

Estar agobiado por un peso excesivo. *ej.* Al terminar de cambiar los libros de un anaquel a otro me sentí **abrumado,** no creí que fuera una tarea pesada.

abruptamente [a•brup•ta•men•te] / abruptly
adj. De modo violento. *ej.* El detective abrió la puerta abruptamente para sorprenderlos. *sin.* rudamente. *ant.* llanamente.

absolver [ab•sol•ver] / absolve
v. Perdonar las culpas a una persona. *ej.* El juez decidió absolver al acusado luego de que las pruebas comprobaron su inocencia. *sin.* dispensar, descargar. *ant.* condenar, castigar.

absorben [ab•sor•ben] / absorb
v. absorber Atraer un líquido o un gas. *ej.* Las raíces absorben los nutrientes de la tierra. *sin.* atraen. *ant.* repelen.

accidentado

absorto [ab•sor•to] / absorbed
adj. Que está totalmente concentrado o lleno de admiración por algo. *ej.* El príncipe quedó absorto ante la belleza de la muchacha. *sin.* cautivado, pasmado. *ant.* distraído, despreocupado.

abundancia [a•bun•dan•cia] / abundance
s. Que hay gran cantidad de algo. *ej.* En esta época del año hay abundancia de rosas rojas. *sin.* proliferación. *ant.* escasez.

abusivo [a•bu•si•vo] / abusive
adj. Que se pasa de lo que se considera adecuado. *ej.* Este capítulo trata sobre cómo el consumo abusivo de la poción lo volvió un lobo feroz. *sin.* exagerado. *ant.* moderado.

acatan [a•ca•tan] / respect
v. acatar Aceptar una ley o una orden. *ej.* Los estudiantes acatan las indicaciones del maestro. *sin.* obedecen. *ant.* desacatan.

acatarraba [a•ca•ta•rra•ba] / give a cold to
v. acatarrar Tener un resfriado o gripe. *ej.* Aurora siempre se acatarraba en el invierno. *sin.* constipaba.

accedió [ac•ce•dió] / agreed
v. acceder Aceptar lo que otro quiere. *ej.* Papá por fin accedió a llevarme al juego de beisbol. *sin.* concedió, consintió. *ant.* rehusó, rechazó.

accidentado [ac•ci•den•ta•do] / uneven
adj. Que tiene muchos desniveles. *ej.* El camino hacia la montaña parecía accidentado y lleno de peligros. *sin.* escarpado, sinuoso. *ant.* llano, suave.

Qué + significa
- Poder entrar a un lugar. *ej.* Ana **accedió** a la oficina del director de la escuela.
- Alcanzar una condición superior. *ej.* Nuestro vecino **accedió** a la alcaldía.

A a

acentuar

acentuar [a•cen•tuar] / emphasize
v. Resaltar una cosa. *ej.* Decidió acentuar su peinado con un adorno espectacular.
sin. marcar, enfatizar.
ant. disminuir.

Qué + significa

- Recalcar las palabras al pronunciarlas. *ej.* A Elena le gusta **acentuar** las palabras cuando no está de acuerdo con algo.
- Poner acento a una palabra. *ej.* Hay que **acentuar** para romper el diptongo.

acerías [a•ce•rí•as] / steel mills
s. Fábricas de acero *ej.* Ellos trabajan el metal en las acerías.

acertada [a•cer•ta•da] / right
adj. Que es correcta. *ej.* En el concurso, Francisco dio una respuesta acertada y ganó el juego. *sin.* atinada. *ant.* inoportuna.

achicharrarse [a•chi•cha•rrar•se] / burn to a crisp
v. **achicharrar** Calentar demasiado. *ej.* No se acercó demasiado al volcán por temor a achicharrarse. *sin.* quemarse. *ant.* enfriarse.

aciagos [a•cia•gos] / ill-fated
adj. Que lleva desgracia y causa sufrimiento. *ej.* Sólo se veían caras tristes en esos días aciagos del huracán. *sin.* adversos.
ant. afortunados.

aclamado [a•cla•ma•do] / acclaimed
v. **aclamar** Que es aplaudido por todos. *ej.* El triunfo del abejorro fue aclamado por los pobladores del jardín. *sin.* ovacionado.
ant. abucheado.

acogedor [a•co•ge•dor] / cozy
adj. Que es cómodo. *ej.* El lugar era tan acogedor que se sintió como en su casa. *sin.* placentero.
ant. incómodo.

acogidos [a•co•gi•dos] / welcomed
v. acoger Ofrecer hospitalidad.
ej. Los niños fueron acogidos por los abuelos del desierto.
sin. hospedados. *ant.* abandonados.

acompasaba [a•com•pa•sa•ba] / rhythmic
v. acompasar Acomodar el ritmo o la intensidad de algo. *ej.* El delfín se acompasaba al paso de las lanchas.
sin. armonizaba.

acorde [a•cor•de] / agreement
adj. Que está de acuerdo con algo. *ej.* Los niños usan máscaras y llevan faroles de estrella acorde con la tradición del festival asiático de la Luna. *sin.* conforme.
ant. disconforme.

Qué + significa
Varios sonidos combinados armónicamente.
ej. Tocó el violín y el **acorde** llegó hasta mis oídos.

acordonar [a•cor•do•nar] / cordon off
v. Rodear un lugar con un cordón. *ej.* Tuvieron que acordonar las calles para que pasara el desfile. *sin.* cercar. *ant.* comunicar.

acosaban [a•co•sa•ban] / harassed
v. acosar Perseguir a alguien o algo sin descanso. *ej.* Sus sueños lo acosaban con su idea de recorrer el mundo.
sin. asediaban. *ant.* tranquilizaban.

acre [a•cre] / pungent
adj. Cuando un olor es demasiado penetrante y ácido. *ej.* El olor acre de las caballerizas llegó hasta la terraza.
sin. agrio. *ant.* dulce.

acrecentó [a•cre•cen•tó] / increase
v. acrecentar Aumentar el tamaño o cantidad de algo. *ej.* Su fortuna se acrecentó con la venta de este nuevo producto para limpiar muebles. *sin.* incrementó. *ant.* disminuyó.

A a

actitud

actitud [ac•ti•tud] / attitude
s. Modo en que se encuentra el ánimo o la postura física de alguien. *ej.* La miró con actitud de enojo y se marchó de ahí. *sin.* gesto, aspecto.

activistas [ac•ti•vis•tas] / activists
s. Miembros activos de un partido o de un movimiento social. *ej.* Los activistas se reunieron en un parque para apoyar la paz mundial. *sin.* promotores. *ant.* neutrales.

acusado [a•cu•sa•do] / accused
adj. Persona que es denunciada por algo. *ej.* Antonio fue acusado de traicionar a sus amigos. *sin.* culpado. *ant.* inocente.

adaptarse [a•dap•tar•se] / adapt
v. adaptar Acomodarse a una situación o lugar nuevos. *ej.* A Rosa no le costó mucho trabajo adaptarse a su nueva escuela en Estados Unidos. *sin.* acoplarse. *ant.* desarraigarse.

Qué + significa
Hacer que una cosa sirva para algo distinto de lo que realiza. *ej.* La novela que estoy leyendo tuvo que **adaptarse** para el cine.

ademán [a•de•mán] / gesture
s. Movimiento del cuerpo que expresa algo. *ej.* Desde el puerto vimos su ademán de despedida. *sin.* gesto, señal.

adherida [a•dhe•ri•da] / stick on
v. adherir Unir una cosa con otra. *ej.* La calcomanía estaba adherida a su mejilla y Sonia no sabía cómo desprenderla. *sin.* pegada. *ant.* desprendida.

adicional [a•di•cio•nal] / additional
adj. Que se añade a algo. *ej.* Papá me dio dinero adicional para comprar el CD. *sin.* complementario. *ant.* esencial.

adiestramiento [a•dies•tra•mien•to] / **training**
s. Enseñanza de algo. *ej.* El señor Torres recibió un adiestramiento antes de entrar a trabajar en la fábrica de acero.

adobándose [a•do•bán•do•se] / **marinating**
v. adobar Poner en adobo los alimentos. El adobo es una especie de salsa que le da buen sabor a la carne. *ej.* Dejamos el pavo adobándose por unas horas antes de meterlo al horno. *sin.* aderezándose.

adopción [a•dop•ción] / **adoption**
v. adoptar Aceptar a alguien como hijo. *ej.* La familia Díaz recibió en adopción a un niño de Bosnia. *sin.* acogió. *ant.* abandonó.

Hacer propias las ideas de otros *ej.* Los jóvenes **adoptaron** la moda de los años sesenta.

adormecido [a•dor•me•ci•do] / **sleepy**
adj. Que está medio dormido. *ej.* Sobre el césped, el perro estaba adormecido por el calor. *sin.* adormilado. *ant.* espabilado.

adusto [a•dus•to] / **harsh**
adj. Que es serio en su trato y en sus gestos. *ej.* Hoy el maestro de música tiene un rostro adusto, no parece estar de buen humor. *sin.* hosco, taciturno. *ant.* afable, sociable.

adventicio [ad•ven•ti•cio] / **adventitious**
adj. Que ocurre de manera ocasional. *ej.* Los cometas son un espectáculo adventicio.

adversidad [ad•ver•si•dad] / **adversity**
s. Una desgracia o dificultad. *ej.* La adversidad condujo a mi familia a dejar este pueblo en busca de mejores condiciones de vida. *sin.* contrariedad, fatalidad. *ant.* felicidad, fortuna.

A a

afamados

afamados [a•fa•ma•dos] / **famous**
adj. Que tienen fama y buena reputación. *ej.* Sus afamados relatos para jóvenes han sido traducidos a varios idiomas. *sin.* famosos, populares. *ant.* ignorados, anónimos.

afanosamente [a•fa•no•sa•men•te] / **eagerly**
adv. Que se hace una actividad con esfuerzo y dedicación. *ej.* Nuestro equipo trabajó afanosamente para el proyecto que presentaremos en la Feria científica. *sin.* esforzadamente. *ant.* reposadamente.

aferrados [a•fe•rra•dos] / **clinging to**
v. aferrar Agarrarse con fuerza a una cosa o a una idea.
ej. Con los dedos aferrados a las rocas esperaron el rescate.
sin. sujetados. *ant.* sueltos.

aficionado [a•fi•cio•na•do] / **enthusiast**
adj. y *s.* Que le interesa un arte o un deporte. *ej.* Era yo un aficionado de los cuentos de ciencia ficción.
sin. entusiasta. *ant.* indiferente.

afincada [a•fin•ca•da] / **settled**
adj. Que se encuentra establecida en un lugar. *ej.* Su casa estaba afincada en medio de la pradera.

afligidos [a•fli•gi•dos] / **grieve**
v. afligir Que sufren tristeza o angustia.
ej. Los hermanos quedaron afligidos al saber de tu partida. *sin.* apenados.
ant. consolados.

afónica [a•fó•ni•ca] / **lost voice**
adj. Que no tiene voz o sonido.
ej. Laura pescó un resfriado terrible y quedó afónica por unos días.

agallas [a•ga•llas] / **gills**
s. Branquias de los peces. *ej.* Los peces tienen agallas para poder respirar bajo el agua.

agazapado [a•ga•za•pa•do] / crouched
v. agazapar Agacharse para esconderse. *ej.* Andrés permaneció agazapado tras un escritorio mientras pasaba el sismo.

ágil [á•gil] / agile
adj. Cuando una persona hace algo fácil y rápido. *ej.* Manuel es un nadador ágil. *sin.* diestro. *ant.* torpe.

agobiante [a•go•bian•te] / overwhelming
adj. y *v. agobiar* Que causa molestia o fatiga. *ej.* Es agobiante lo que dicen las noticias de hoy. *sin.* angustiante. *ant.* tranquilizante.

agolparse [a•gol•par•se] / crowded
v. agolpar Juntarse de golpe en un lugar. *ej.* Los reporteros comenzaron a agolparse en la puerta del camerino para entrevistar al artista. *sin.* amontonarse. *ant.* separarse.

agrarias [a•gra•rias] / agrarian
adj. Que pertenecen a la agricultura. *ej.* Sembrar y cosechar son tareas agrarias.

aguafiestas [a•gua•fies•tas] / spoilsport
s. Quien interrumpe una diversión. *ej.* No seas aguafiestas y ponte tu disfraz de espantapájaros. *sin.* gruñón, amargado. *ant.* alegre, afable.

agudizado [a•gu•di•za•do] / intensified
v. agudizar Volver más intenso. *ej.* Después de leer tantos libros de aventuras, su ingenio se había agudizado. *sin.* afinado, acentuado. *ant.* entorpecido.

aguiluchos [a•gui•lu•chos] / young eagles
s. Las crías del águila. Son aves de cuerpo alargado y delgado. *ej.* Los aguiluchos querían aprender a volar.

A a

ahínco [a•hín•co] / eagerness
adj. Esfuerzo por conseguir algo. *ej.* De pronto, comenzaron a remar con ahínco para ganar la competencia. *sin.* empeño, tesón. *ant.* apatía, desinterés.

ahuyentaron [ahu•yen•ta•ron] / scared away
v. ahuyentar Hacer que alguien se marche. *ej.* Con el fuego de las antorchas encendidas ahuyentaron a los lobos. *sin.* espantaron, alejaron. *ant.* atrajeron.

airada [ai•ra•da] / angry
adj. Que es molesta, irritable. *ej.* La señora adinerada, con actitud airada le ordenó que le dejara el paso libre. *sin.* irritada, indignada. *ant.* tranquila, suave.

ajetreaba [a•je•trea•ba] / hectic
v. ajetrearse Cansarse por ir de un lugar a otro. *ej.* El muchacho se ajetreaba entre el establo y la cocina. *sin.* agitaba, atareaba. *ant.* descansaba, sosegaba.

alabando [a•la•ban•do] / praising
v. alabar Decir cosas agradables de alguien o de algo. *ej.* El juez del concurso comenzó la premiación alabando nuestro proyecto ecológico. *sin.* elogiando. *ant.* censurando.

alardear [a•lar•dear] / boast
v. Presumir de algo. *ej.* A Tomás le gusta alardear de sus habilidades en el futbol. *sin.* vanagloriarse, jactarse. *ant.* humillarse.

albergaba [al•ber•ga•ba] / cherished
v. albergar Conservar sentimientos o proyectos dentro de sí. *ej.* La joven albergaba la esperanza de encontrar nuevos amigos en este país.

Dar hospedaje. *ej.* Durante los cursos de verano, los Martínez **albergaban** en su casa a estudiantes argentinos.

aliado

A a

alborozada [al•bo•ro•za•da] / overjoyed
adj. Que tiene mucha alegría. *ej.* Y, alborozada, Julieta corrió a darles la fabulosa noticia. *sin.* regocijada, entusiasmada. *ant.* entristecida, llorosa.

alcanzasen [al•can•za•sen] / attain
v. alcanzar Poder conseguir algo que se desea. *ej.* Quisiéramos que los muchachos alcanzasen la victoria. *sin.* obtuvieran. *ant.* perdieran.

alcázar [al•cá•zar] / fortress
s. Fortaleza de un soberano. *ej.* Desde el alcázar se contemplaba el reino entero. *sin.* castillo.

alcurnia [al•cur•nia] / ancestry
s. Antepasados de una persona. *ej.* Su familia es de gran alcurnia. *sin.* abolengo, linaje. *ant.* humildad.

alegó [a•le•gó] / claimed
v. alegar Dar un hecho como prueba de algo. *ej.* "No me gusta esa palabra", alegó un delegado del Congreso.

algarabía [al•ga•ra•bí•a] / gibberish
s. Alboroto donde no se entiende nada. *ej.* Con gran algarabía las muchachas rodearon al campeón de tenis. *sin.* bullicio. *ant.* sosiego.

Hablar de modo confuso. *ej.* Estaba tan nervioso que su **algarabía** le impidió darse a entender.

algazara [al•ga•za•ra] / din
s. El ruido o griterío que hace una o varias personas que están alegres. *ej.* La algazara de la fiesta contagió a los vecinos que se unieron al festejo. *sin.* algarabía, jolgorio. *ant.* silencio, tranquilidad.

aliado [a•lia•do] / ally
adj. y *s.* Persona que está unida a otros para un objetivo común. *ej.* Enrique es mi aliado en este juego. *sin.* asociado.

A a

alimaña

alimaña [a•li•ma•ña] / vermin
s. Animal que daña la ganadería. Sin embargo, se usa más para nombrar a un animal que causa horror.
ej. La rata se acercó a mí como la horrible alimaña que era.

almibaradas [al•mi•ba•ra•das] / sugary
adj. Que se comporta o habla demasiado dulce.
ej. Con palabras almibaradas, Sandra convenció a sus padres para asistir a la fiesta.

alteración [al•te•ra•ción] / alteration
v. alterar Cambio de la forma o el orden de una cosa.
ej. El invierno comenzó con la alteración del paisaje.
sin. modificación.

Qué + significa
Perder la calma. *ej.* Regresé a casa en un estado de tal **alteración** que mamá tuvo que calmarme con sus sabias palabras.

altivo [al•ti•vo] / arrogant
adj. Que se cree superior a los demás. *ej.* El señor Gómez siempre nos mira con gesto altivo.
sin. arrogante, soberbio. *ant.* humilde, modesto.

altoparlantes [al•to•par•lan•tes] / loudspeakers
s. Aparatos para amplificar el sonido.
ej. Los altoparlantes dieron la noticia: Sara era la campeona. *sin.* altavoces.

amainar [a•mai•nar] / die down
v. Que pierde fuerza o intensidad la lluvia, el viento, los sentimientos. *ej.* Al amainar la lluvia regresaremos a casa. *sin.* disminuir. *ant.* aumentar.

amortiguan [a•mor•ti•guan] / muffle
v. amortiguar Disminuir la fuerza de alguna cosa. *ej.* Los árboles amortiguan la caída de la lluvia. *sin.* aminoran. *ant.* intensifican.

andamios

A a

amos [a•mos] / owners
s. Dueños de una cosa. **ej.** Tenemos que demostrar que somos los amos del perro perdido. **sin.** propietarios.

amotinados [a•mo•ti•na•dos] / rioters
adj. y **s.** Personas que participan en un motín en contra de una autoridad. **ej.** Los amotinados tomaron el mando del barco. **sin.** sublevados, insubordinados. **ant.** calmados.

amuleto [a•mu•le•to] / amulet
s. Objeto que se supone protege a quien lo lleva. **ej.** Las muchachas usan un collar como amuleto que las salvaría de mirarse en el espejo. **sin.** talismán, fetiche.

anacrónico [a•na•cró•ni•co] / anachronistic
adj. Que pertenece a una época anterior. **ej.** Ese traje que usas es anacrónico. **sin.** anticuado. **ant.** actual.

ancestrales [an•ces•tra•les] / ancestral
adj. Que son tradicionales y de origen lejano. **ej.** El baile y la música de nuestro pueblo tienen orígenes ancestrales.

áncora [án•co•ra] / anchor
s. Pieza de un reloj que maneja el movimiento del péndulo. **ej.** El relojero tuvo que revisar el áncora del reloj para ver si ahí estaba la falla.

andamios [an•da•mios] / scaffolds
s. Armazones donde se suben los trabajadores para construir o reparar edificios altos. **ej.** Desde los andamios el pintor nos saludó.

También significa *ancla.* **ej.** Cuando llegamos a puerto aventé el **áncora** y grité de alegría.

13

A a

andanzas

andanzas [an•dan•zas] / adventures
s. Aventuras al recorrer varios lugares. *ej.* Las andanzas de los caballeros los llevaron a tierras desconocidas.

anécdota [a•néc•do•ta] / anecdote
s. Relato breve sobre un hecho curioso. *ej.* A la tía Carlota le fascina contar la anécdota sobre cómo se comunicaba al llegar a este país sin hablar inglés.

anegado [a•ne•ga•do] / flooded
v. anegar Que un lugar está inundado de agua o de algún otro líquido. *ej.* Luego de la tormenta, el patio quedó anegado.

anhela [an•he•la] / yearn for
v. anhelar Desear algo con mucha fuerza. *ej.* Rosa anhela la llegada de su prima Martha que prometió visitarla este verano. *sin.* ansía. *ant.* desprecia.

anónimo [a•nó•ni•mo] / anonymous
adj. y *s.* Obra o escrito del que no se conoce el nombre del autor. *ej.* Este poema anónimo gusta a mucha gente. *sin.* desconocido. *ant.* conocido.

ansias [an•sias] / anxiety
s. Deseo muy fuerte. *ej.* Durante la dieta recomendada por su médico, Josefina no podía controlar las ansias de comer chocolates.

- Persona que ha hecho algo y del cual no se sabe su nombre. *ej.* Nuestro equipo de basquetbol recibió uniformes de un donante **anónimo**.
- Mensaje escrito o por teléfono que se envía ocultando la identidad. *ej.* La policía recibió un **anónimo** donde se daban pistas para capturar al malhechor.

antepasados [an•te•pa•sa•dos] / **ancestor**
   s. Personas de las que otra persona desciende. *ej.* Mis antepasados llegaron a América provenientes de Irlanda.

anticipación [an•ti•ci•pa•ción] / **in advance**
   v. anticipar Adelantar algo a su tiempo previsto. *ej.* La señora Lucía preparó la comida con anticipación, pues ese día tendría visitas. *sin.* adelanto. *ant.* retraso.

anticuados [an•ti•cua•dos] / **old-fashioned**
   adj. Que están fuera de moda o que ya no se usan. *ej.* Los vestidos de la abuela parecían anticuados pero eran hermosos. *sin.* antiguos. *ant.* modernos.

antitetánica [an•ti•te•tá•ni•ca] / **antitetanus**
   adj. y *s.* Medicamento que se usa contra el tétanos. *ej.* Cuando me herí la pierna con ese hierro me pusieron la vacuna antitetánica.

antológicos [an•to•ló•gi•cos] / **anthology**
   adj. Que forma parte de una selección de obras artísticas. *ej.* Sus aventuras se escribieron en cuentos antológicos.

anzuelo [an•zue•lo] / **hook**
   s. Gancho de metal y con filo donde se coloca el cebo para atrapar peces. *ej.* Ricardo colocó una lombriz en el anzuelo y comenzó a pescar.

añicos [a•ñi•cos] / **smithereens**
   s. Trozos pequeños de algo que se rompe. *ej.* La lámpara de cristal se hizo añicos en el suelo. *sin.* fragmentos.

añoranza [a•ño•ran•za] / **longing**
   s. Tristeza que se siente por algo o alguien que está lejos o se ha perdido. *ej.* Siempre que la abuela canta esa canción, sabemos que siente añoranza por su país. *sin.* nostalgia, melancolía. *ant.* olvido.

A a
apacible

apacible [a•pa•ci•ble] / gentile
adj. De trato agradable y sereno.
ej. El noble animal me miraba con rostro apacible. *sin.* tranquilo.

apaciguar [a•pa•ci•guar] / pacify
v. Tranquilizar o calmar a alguien.
ej. La mamá cantó para apaciguar a su bebé que no dejaba de llorar.
sin. tranquilizar. *ant.* inquietar.

apaleados [a•pa•lea•dos] / beat
v. apalear Golpear con un palo.
ej. Los tapetes fueron apaleados para sacarles el polvo.

Qué + significa
Derribar con golpes de una vara los frutos de los árboles. *ej.* Los manzanos fueron **apaleados** y luego se recogieron las manzanas.

aparejos [a•pa•re•jos] / harness
s. Las correas y arreos de las caballerías para poder montarlas o cargarlas. *ej.* El vaquero preparó los aparejos rápidamente.

apearon [a•pea•ron] / get off
v. apear Bajarse de un caballo o de un vehículo. *ej.* Las muchachas se apearon del auto y nos saludaron.
sin. descendieron. *ant.* subieron.

apechugar [a•pe•chu•gar] / put up with
v. Aceptar a alguien o algo que desagrada. *ej.* Adrián tuvo que apechugar su miedo y entrar a la caverna. *sin.* aguantar. *ant.* rechazar.

apego [a•pe•go] / affection
s. Afecto que se siente por una persona o cosa. *ej.* Jaime tenía gran apego por ese auto antiguo de su abuelo. *sin.* simpatía.

apelación [a•pe•la•ción] / appeal
v. apelar Recurrir al juez para cambiar una sentencia. *ej.* El abogado del acusado presentó una apelación y ganó el juicio. *sin.* reclamación.

aperitivo [a•pe•ri•ti•vo] / appetizer
adj. y *s.* Bebida o alimento que se da antes de una comida. *ej.* Les ofreció un aperitivo con sabor a naranja dulce. *sin.* estimulante, canapé.

aperos [a•pe•ros] / tools
s. Herramientas que se usan para un trabajo, en especial para labrar la tierra. *ej.* Los aperos de Raúl estaban guardados en el cobertizo.

apicultor [a•pi•cul•tor] / beekeeper
adj. y *s.* Persona que se dedica a la cría de abejas. *ej.* Le gustan tanto los insectos que se volvió apicultor.

apiñados [a•pi•ña•dos] / together
adj. Personas o cosas que forman un grupo apretado. *ej.* Los libros estaban apiñados en un rincón. *sin.* amontonados. *ant.* separados.

apisonó [a•pi•so•nó] / roll
v. apisonar Pisar la tierra para aplanarla. *ej.* Enrique apisonó el terreno antes de decidirse a dormir. *sin.* aplanó, niveló.

aporreados [a•po•rrea•dos] / beaten
adj. y *v. aporrear* Golpear varias veces con una porra (palo corto de madera o la barra de goma que usan como arma los policías). *ej.* Los muebles fueron aporreados para quitarles el polvo. *sin.* sacudidos.

A a

aportar

aportar [a•por•tar] / contribute
v. Dar o proporcionar algo.
ej. Este año, el gobierno del estado ha considerado aportar una cantidad adicional a las escuelas. *sin.* proporcionar.

Llevar algo a una parte. *ej.* La respiración sirve para **aportar** aire a los pulmones.

apremiante [a•pre•mian•te] / urgent
adj. Que es urgente. *ej.* Trasmitir por radio la noticia de la proximidad del huracán se volvió apremiante. *sin.* inaplazable. *ant.* aplazable.

aprendiz [a•pren•diz] / apprentice
s. Persona que trabaja para aprender un oficio. *ej.* El aprendiz estaba nervioso en su primer día.

apresa [a•pre•sa] / seize
v. apresar Detener o encarcelar a alguien. *ej.* La policía apresa a los malhechores. *sin.* arresta, captura. *ant.* libera, suelta.

apresuradamente [a•pre•su•ra•da•men•te] / hastily
adv. Cuando se hace algo demasiado rápido y sin cuidado.
ej. Toño contestó la prueba apresuradamente y obtuvo una calificación baja. *sin.* aceleradamente. *ant.* pausadamente.

apuro [a•pu•ro] / predicament
s. Situación que resulta difícil solucionar.
ej. Estarás en un serio apuro si no estudias para el examen. *sin.* aprieto.

arcadas [ar•ca•das] / retching
s. Movimiento del estómago que acompaña a las náuseas y antes de vomitar.
ej. Después de tanto comer, José empezó a tener arcadas. *sin.* contracciones.

arraigan

A a

ardua [ar•dua] / arduous
adj. Que requiere mucho trabajo hacer algo. *ej.* Labrar la tierra es una labor muy ardua. *sin.* difícil, complicada. *ant.* fácil, sencilla.

argüendes [ar•güen•des] / arguments
s. Desorden, barullo. *ej.* Déjense de argüendes que no dejan dormir.

argumento [ar•gu•men•to] / argument
s. Razones para probar un asunto. *ej.* Mi argumento para no ir al cine fue que yo no tenía dinero. *sin.* razonamiento.

Qué + significa
Resumen de lo que trata una obra literaria o cinematográfica. *ej.* El amor prohibido y la enemistad de dos familias es el **argumento** de *Romeo y Julieta* de Shakespeare.

aristocracia [a•ris•to•cra•cia] / aristocracy
s. Clase social a la que pertenecen los nobles. *ej.* La aristocracia del reino vive con lujos. *sin.* nobleza, élite. *ant.* vulgo.

armonía [ar•mo•ní•a] / harmony
s. Unión y amistad entre personas. *ej.* En nuestra comunidad vivimos en armonía a pesar de que somos de diferentes culturas. *sin.* cordialidad. *ant.* discrepancia, enemistad.

arnés [ar•nés] / armor
s. Aparejos de las caballerías. *ej.* En cuanto le pusieron el arnés, el caballo comenzó a relinchar.

arpilleras [ar•pi•lle•ras] / burlap
s. Tejido para hacer sacos. *ej.* Los agricultores hicieron sacos con las arpilleras para guardar los granos.

arraigan [a•rrai•gan] / take roots
v. arraigar Establecerse en un lugar. *ej.* Esas familias arraigan en este condado desde hace muchos años. *sin.* radican. *ant.* erradican.

A a

arrastrando [a•rras•tran•do] / dragging
v. arrastrar Mover algo rozando contra el suelo. *ej.* Con su pierna dolorida, llegó arrastrando el pie.

arrebujada [a•rre•bu•ja•da] / wrap
adj. Que está bien cubierta con ropa. *ej.* Sonia estaba toda arrebujada por el frío. *sin.* abrigada. *ant.* destapada.

arremangó [a•rre•man•gó] / roll up
v. arremangar Levantar las mangas o la ropa. *ej.* La mujer se arremangó la falda y cruzó el río. *sin.* enrolló. *ant.* extendió.

arremeter [a•rre•me•ter] / attack
v. Atacar con fuerza. *ej.* El guerrero comenzó a arremeter contra el enemigo. *sin.* agredir, precipitarse. *ant.* huir, detenerse.

arreos [a•rre•os] / harness
s. Guarniciones de las caballerías. *ej.* El mayordomo colocó los arreos y se marchó en silencio.

arrollando [a•rro•llan•do] / run over
v. arrollar Atropellar con un vehículo. *ej.* El auto, sin control, avanzó unos metros arrollando las señales de la calle.

Qué + significa
Arrastrar debido a la fuerza de alguna cosa. *ej.* La ola reventó en la playa **arrollando** los castillos de arena.

asamblea [a•sam•ble•a] / meeting
s. Reunión de personas para un fin. *ej.* Los vecinos convocaron a una asamblea para distribuirse los trabajos de cuidado de los parques. *sin.* reunión.

ascendentes [as•cen•den•tes] / promotions
v. ascender Subir a una posición superior en un trabajo. *ej.* La fábrica tiene puestos ascendentes, dentro de poco seré gerente.

áspera

asentamiento [a•sen•ta•mien•to] / **settlements**
s. Instalación de colonos en una tierra. *ej.* El asentamiento de los peregrinos que llegaron en el *Mayflower* fue en lo que hoy es Massachusetts. *sin.* establecimiento, colonización.

asesor [a•se•sor] / **adviser**
adj. y *s.* Persona que da un consejo. *ej.* Mi asesor escolar me recomendó un diccionario para resolver mis dudas en matemáticas. *sin.* consejero, mentor.

asfixiante [as•fi•xian•te] / **asphyxiate**
adj. y *v. asfixiar* Que hace difícil la respiración. *ej.* El ambiente dentro del pozo era asfixiante. *sin.* sofocante.

asignación [a•sig•na•ción] / **assignment**
v. asignar Pago que se da a una persona por un trabajo realizado. *ej.* La asignación por reparar el techo, motivó al señor Ramírez para hacer esa labor. *sin.* retribución.

asimilar [a•si•mi•lar] / **assimilate**
v. Hacer parecida una cosa con otra. *ej.* En mi clase de pintura, comencé a asimilar el dibujo con la cara de mi hermana. *sin.* igualar. *ant.* diferenciar.

Qué + significa
Comprender lo que se aprende. *ej.* Entonces pudo **asimilar** el significado de la palabra *amistad*.

asombrosa [a•som•bro•sa] / **astonishing**
adj. Que provoca gran admiración. *ej.* Las torres del museo daban una imagen asombrosa. *sin.* sorprendente. *ant.* corriente.

áspera [ás•pe•ra] / **rough**
adj. Superficie rugosa que al tocarla produce una sensación desagradable. *ej.* Mis pies percibieron la tierra áspera y sentí comezón. *sin.* rasposa. *ant.* lisa.

A a

aspira

aspira [as•pi•ra] / aspires
v. aspirar Desear un puesto o trabajo. *ej.* Andrés aspira volverse el representante de su clase. *sin.* pretende, ambiciona. *ant.* desiste.

Atraer el aire exterior a los pulmones. *ej.* En la playa, Ana **aspira** el perfume del mar.

asta [as•ta] / staff
s. Una lanza. *ej.* El asta del arpón hirió al pequeño delfín.

astuto [as•tu•to] / clever
adj. Que es hábil para engañar, evitar engaños o conseguir algo. *ej.* El zorro es demasiado astuto como para caer en las trampas que le ponen los cazadores. *sin.* hábil, sagaz. *ant.* ingenuo, cándido.

asumir [a•su•mir] / assume
v. Hacerse cargo de algo con responsabilidad. *ej.* El hermano mayor quiere asumir el cuidado de sus hermanos menores durante la ausencia de sus padres. *sin.* aceptar, adjudicarse. *ant.* rechazar.

atajo [a•ta•jo] / short cut
s. Ruta corta para llegar a un lugar. *ej.* No tenían más opción que tomar el atajo bajo la montaña.

atareados [a•ta•rea•dos] / busy
adj. Que tienen mucho trabajo. *ej.* Los muchachos, atareados en la reparación de los juegos del parque, sólo probaron un emparedado. *sin.* ajetreados. *ant.* desocupados.

aterrorizados [a•te•rro•ri•za•dos] / terrified
v. aterrorizar Llenar de terror y espanto. *ej.* Con su ruido, las locomotoras tenían aterrorizados a los mapaches. *sin.* atemorizados. *ant.* tranquilizados.

atrofia

atestados [a•tes•ta•dos] / packed
v. atestar Llenar por completo una cosa o lugar. *ej.* Los nogales estaban atestados de nueces. *sin.* cargados. *ant.* vaciados.

atestiguaba [a•tes•ti•gua•ba] / testified
v. atestiguar Que una cosa da testimonio de algo. *ej.* Ese lago atestiguaba las aventuras de cada verano de la familia Santiago. *sin.* testificaba.

atónitos [a•tó•ni•tos] / astonished
adj. Que están pasmados por la sorpresa. *ej.* Cuando la mariposa apareció en escena, nos quedamos atónitos. *sin.* asombrados. *ant.* indiferentes.

atonta [a•ton•ta] / confuses
adj. Que aturde hasta causar confusión. *ej.* Esa película atonta mis sentidos. *sin.* atolondra. *ant.* despabila.

atracar [a•tra•car] / stuff oneself
v. Comer o beber en exceso. *ej.* Las muchachas comenzaron a atracar los pasteles de chocolate que había en la mesa. *sin.* atiborrarse. *ant.* moderarse.

Qué + significa

Asaltar con armas para robar a alguien. *ej.* El malhechor me intentó **atracar**, pero huí corriendo.

atraer [a•tra•er] / lure
v. Hacer venir hacia un lugar a algo con habilidad. *ej.* Sonia puso un aromático queso para atraer al ratón a la ratonera. *sin.* captar. *ant.* repeler.

atragantó [a•tra•gan•tó] / choked
v. atragantar Que algo se queda detenido en la garganta. *ej.* En la fiesta de Lupita, Niko se atragantó con un tamal.

atrofia [a•tro•fia] / atrophy
s. Falta de desarrollo de un órgano. *ej.* El señor Ruiz tenía una atrofia en sus pies, por eso caminaba lento.

atronadores [a•tro•na•do•res] / deafening
adj. y *v.* Que causa un ruido ensordecedor. *ej.* Los fuegos artificiales nos recibieron con sonidos atronadores. *sin.* estridentes. *ant.* silenciosos.

aturdido [a•tur•di•do] / bewildered
adj. Cuando una persona está desconcertada. *ej.* De pronto, Pancho se sintió aturdido con el tráfico de la gran ciudad. *sin.* confundido. *ant.* sosegado.

audaz [au•daz] / audacious
adj. Que se atreve a hacer cosas arriesgadas o difíciles. *ej.* La audaz Adela, de un salto cruzó el río. *sin.* valiente. *ant.* cobarde.

augurio [au•gu•rio] / omen
s. Anuncio de algo que está por venir. *ej.* El augurio de tiempos tranquilos está por cumplirse. *sin.* predicción, pronóstico.

auténtico [au•tén•ti•co] / authentic
adj. Que es realmente lo que dice o aparenta. *ej.* Victoria me dio un auténtico abrazo de amigas. *sin.* verdadero. *ant.* falso.

autobiográfica [au•to•bio•grá•fi•ca] / autobiography
adj. Que se refiere a la vida escrita por la misma persona. *ej.* Escribí una historia autobiográfica sobre la migración de mi familia a Estados Unidos.

autosuficientes [au•to•su•fi•cien•tes] / self-sufficient
adj. Que no requieren de ayuda. *ej.* Los bebés no son autosuficientes, por eso necesitan de mayores cuidados.

avaro [a•va•ro] / miserly
adj. y *s.* Que no gasta y guarda sus riquezas. *ej.* El anciano avaro al final se quedó solo en su mansión y sin ningún amigo sincero. *sin.* codicioso, tacaño. *ant.* generoso, espléndido.

ávida [á•vi•da] / eager for
adj. Que desea algo con mucho anhelo. *ej.* Cuéntamelo todo, estoy ávida de noticias de los primos de Puerto Rico. *sin.* ansiosa. *ant.* desinteresada.

avispado [a•vis•pa•do] / quick-witted
adj. Que aprende pronto. *ej.* Es tan avispado que ya conoce todas las constelaciones. *sin.* listo, despierto. *ant.* atolondrado.

ayunar [a•yu•nar] / fast
v. No comer total o parcialmente. *ej.* En su lucha por lograr beneficios para la comunidad hispana, el señor García decidió ayunar. *sin.* abstenerse. *ant.* satisfacerse.

azogue [a•zo•gue] / mercury
s. Nombre con que se conoce al mercurio. *ej.* Esta vez usaremos azogue para el experimento en la clase de ciencias.

azorada [a•zo•ra•da] / abash
v. azorar Turbar, aturdir. *ej.* Cuando el sapo le pidió un beso la muchacha quedó azorada. *sin.* inquieta. *ant.* tranquila.

azotado [a•zo•ta•do] / whipped
v. azotar Recibir graves daños. *ej.* El palmar fue azotado por tres huracanes. *sin.* golpeado, hostigado.

B b

babor

babor [ba•bor] / port
s. Lado izquierdo de una embarcación. *ej.* El barco tenía un golpe a babor, pronto se inundaría.

bacterianas [bac•te•ria•nas] / bacterial
adj. Perteneciente a las bacterias.
ej. Las especies bacterianas pueden verse con un microscopio.
sin. microorganismo.

balbuceos [bal•bu•ce•os] / babbling
s. Modo de hablar confuso y titubeante. *ej.* Entre sus balbuceos pude comprender que no estaba de acuerdo con mis ideas.
sin. tartamudeos. *ant.* precisiones.

bandadas [ban•da•das] / flocks
s. Conjunto o grupo de aves o peces que van juntos. *ej.* En otoño, bandadas de aves vuelan hacia lugares cálidos.

bandoneón [ban•do•neón] / bandore
s. Instrumento musical de viento que se parece al acordeón. *ej.* Toca mi canción en el bandoneón y alegra mi corazón.

baratijas [ba•ra•ti•jas] / trinkets
s. Objetos que no tienen valor.
ej. En el mercado, las niñas compraron baratijas. *sin.* chucherías. *ant.* joyas.

barracas [ba•rra•cas] / shacks
s. Lugar de refugio construido con materiales ligeros. *ej.* Los niños entraron a unas barracas mientras pasaba la lluvia. *sin.* chozas. *ant.* mansiones.

barrenillos [ba•rre•ni•llos] / tree insects
s. Insectos que hacen hoyos en los troncos de los árboles.
ej. Los barrenillos invadieron los árboles del jardín.

bífida   **B b**

bartola [bar•to•la] / lazily
adj. Realizar alguna actividad con descuido. *ej.* El castillo se derrumbó porque lo construyeron a la bartola.

bastidores [bas•ti•do•res] / frames
s. Armazón que sirve para decorar el escenario de un teatro. *ej.* El actor esperó entre bastidores el aplauso del público.

Base de madera o metal que sirve para fijar los lienzos. *ej.* Con cuidado, el pintor acomodó el lienzo sobre el **bastidor.**

bendecir [ben•de•cir] / bless
v. Recibir cosas buenas de la providencia. *ej.* La naturaleza los alcanzó a bendecir con una lluvia fresca. *sin.* consagrar. *ant.* condenar.

beneficencia [be•ne•fi•cen•cia] / charity
s. Realizar una acción que ayuda a otros. *ej.* Alegrar con sus cantos y risas fue su labor de beneficencia. *sin.* caridad.

benignas [be•nig•nas] / mild
adj. Que son afectuosas y benévolas con los demás. *ej.* Las hermanas López son benignas y de carácter apacible.
sin. bondadosas. *ant.* malignas.

Clima u otro fenómeno atmosférico que es poco riguroso. *ej.* La primavera y el otoño son las estaciones más **benignas** del año.

berridos [be•rri•dos] / bellowing
s. Gritos que están fuera de control. *ej.* El bebé comenzó a dar berridos para que le dieran de comer.

bífida [bí•fi•da] / forked
adj. Objeto que está dividido en dos. *ej.* La serpiente tiene una lengua bífida.

B b

biombo

biombo [biom•bo] / screen
s. Estructura compuesta de varias tablas que sirve para dividir un cuarto. *ej.* La actriz se vistió detrás de un biombo.

birrete [bi•rre•te] / beret
s. Gorro que usan abogados y maestros durante actos solemnes. *ej.* El maestro llegó a la ceremonia con su birrete puesto.

blanden [blan•den] / brandish
v. blandir Agitar un arma u otro objeto a manera de amenaza. *ej.* Los cangrejos blanden sus tenazas como si fueran espadas.

bocanada [bo•ca•na•da] / gust of wind
s. Corriente de aire o humo que entra o sale por una abertura. *ej.* Una bocanada de aire entró al abrir las ventanas.

boceto [bo•ce•to] / sketch
s. Borrador que se hace antes de pintar un cuadro. *ej.* En el café, Pablo dibujó el boceto de lo que después sería su obra maestra. *sin.* bosquejo.

bochornoso [bo•chor•no•so] / stifling heat
adj. Que causa un calor sofocante. *ej.* Era un día bochornoso y decidimos ir a nadar.

boicot [boi•cot] / boycott
v. boicotear Interrumpir un acto o una relación para presionar y de esa forma conseguir lo que se pretende. *ej.* Los ciudadanos organizaron un boicot: dejaron de comprar esa marca de detergente hasta que fuera menos dañino para el medio ambiente.

boleros [bo•le•ros] / boleros
   s. Canto y danza con tema sentimental, originario de Cuba. *ej.* Comenzamos a cantar boleros a la luz de la luna.

Chaqueta corta de mujer. *ej.* El **bolero** que usaba lo cosió su abuela hace años.

bólido [bó•li•do] / racing car
   s. Automóvil que corre a gran velocidad. *ej.* El bólido cruzó la ciudad y en unos segundos se perdió en el horizonte.

bombo [bom•bo] / bass drum
   s. Tambor muy grande. *ej.* ¡Qué bien toca el bombo ese músico!

boquete [bo•que•te] / hole
   s. Entrada muy angosta que hay en un lugar. *ej.* Los muchachos entraron a la casa por el boquete de la reja.

boquiabierto [bo•quia•bier•to] / open-mouthed
   adj. Que tiene la boca abierta por una sorpresa. *ej.* Ante la belleza del mar, el explorador se quedó boquiabierto. *sin.* asombrado. *ant.* tranquilo.

borbotones [bor•bo•to•nes] / bubbling
   s. Burbujas que produce el agua cuando sube hacia la superficie. *ej.* En ese lugar, el agua hierve a borbotones.

borla [bor•la] / tassel
   s. Conjunto de hebras entrelazadas que sirven como adorno. *ej.* El cordón de la cortina acababa en una hermosa borla plateada.

B b

bosquejo [bos•que•jo] / sketch
s. Esquema de las primeras ideas que se tienen cuando se planea hacer alguna cosa. *ej.* El primer bosquejo de Joaquín fue una casa sin balcón. *sin.* croquis, boceto.

bostezó [bos•te•zó] / yawn
v. bostezar Abrir la boca sin querer debido al sueño o al aburrimiento. *ej.* Estaba tan aburrido con el discurso que bostezó frente a la multitud.

bracero [bra•ce•ro] / laborer
s. Persona que trabaja por día en diversas actividades. *ej.* A la finca llegó un bracero dispuesto a trabajar en la pizca de manzanas.

bramando [bra•man•do] / bellowing
v. bramar Cuando los toros y vacas hacen sonidos. *ej.* Los toros estuvieron bramando durante la tormenta.

bravatas [bra•va•tas] / threats
s. Amenaza que se hace con arrogancia para asustar a alguien. *ej.* Los jugadores comenzaron con sus bravatas para provocar a sus contrincantes.

brebajes [bre•ba•jes] / concoctions
s. Bebidas que tienen un sabor o aspecto desagradable. *ej.* En el hospital me dieron a beber tres brebajes, yo comencé con el de color azul. *sin.* pócima.

brigada [bri•ga•da] / brigade
s. Grupo de personas que se reúnen para hacer un trabajo específico. *ej.* La brigada de salvación encontró a los niños luego de tres días.

butaca

B b

brotan [bro•tan] / sprout
v. brotar Cuando la planta sale o germina de la tierra. *ej.* Las rosas de mi jardín brotan en primavera. *sin.* germinan. *ant.* perecen.

Qué + significa
Cuando algo se muestra o aparece de pronto. *ej.* Cuando el beisbolista lanza su último hit, los aplausos **brotan** en el estadio.

brusquedad [brus•que•dad] / roughness
s. Acción que se realiza con aspereza o sin cuidado. *ej.* El avión inició el vuelo con tal brusquedad que casi me desmayo. *sin.* violencia. *ant.* lentitud.

bufones [bu•fo•nes] / clowns
s. Personas que se dedican a hacer reír a los demás. *ej.* Estos bufones ya no hacen reír a la princesa. *sin.* payasos.

buhonero [bu•ho•ne•ro] / peddler
s. Persona que vende objetos de poco valor. *ej.* El buhonero vendía collares de plástico en la esquina de mi casa.

bullicio [bu•lli•cio] / hubbub
s. El ruido y rumor que produce mucha gente. *ej.* No pude escucharla entre el bullicio, pero leí sus labios. *sin.* alboroto. *ant.* calma.

burlonamente [bur•lo•na•men•te] / mockingly
adv. Que hace algo con burla. *ej.* ¿Quieres que limpie esto?, preguntó Laura burlonamente. *sin.* irónicamente.

butaca [bu•ta•ca] / box seat
s. El asiento que ocupa una persona en un espectáculo. *ej.* En el teatro, me tocó una butaca incómoda.

C c

cabecilla

cabecilla [ca•be•ci•lla] / leader
s. Persona que dirige una banda de rebeldes. *ej.* La policía atrapó al cabecilla y se acabó la banda de delincuentes.

cabizbajo [ca•biz•ba•jo] / crestfallen
adj. Que tiene la cabeza inclinada debido a la tristeza. *ej.* El tigre se alejó cabizbajo, había perdido la contienda. *sin.* abatido. *ant.* eufórico.

cabreo [ca•bre•o] / angry
v. cabrear Sentimiento de enojo o enfado. *ej.* De tanto cabreo que sentía, Adriana azotó la puerta al salir. *sin.* recelo. *ant.* confianza.

cachureos [ca•chu•re•os] / junk
s. Objetos que ya no sirven. *ej.* Entre los cachureos que había en el armario estaba un disfraz de pirata y una televisión descompuesta. *sin.* baratijas, cachivaches.

cajún [ca•jún] / cajun
s. y *adj.* Persona que nació en Luisiana y que desciende de inmigrantes franceses. *ej.* El cajún es la lengua que habla mi padre.

calabozo [ca•la•bo•zo] / dungeon
s. Lugar subterráneo que sirve para encerrar a los presos. *ej.* Y allá abajo, en el calabozo, un anciano preso aguardaba su libertad. *sin.* celda, mazmorra.

calambre [ca•lam•bre] / cramp
s. Dolor que se siente cuando un músculo se contrae. *ej.* No pude seguir brincando pues me dio un calambre en la pierna.

calumniar [ca•lum•niar] / slander
v. Acusar a alguien por medio de mentiras para hacerle daño. *ej.* No es bueno calumniar a las personas, te puedes meter en problemas. *sin.* difamar. *ant.* elogiar.

campaña [cam•pa•ña] / **campaign**
  s. Conjunto de actividades que se hacen para conseguir un objetivo. *ej.* Organizamos una campaña en favor de los derechos de los niños.

campiña [cam•pi•ña] / **open country**
  s. Campo llano dedicado al cultivo. *ej.* Helena corrió entre el trigo sembrado en la campiña.

camufló [ca•mu•fló] / **camouflage**
  v. camuflar Disfrazarse para engañar a los demás. *ej.* El lobo se camufló con piel de oveja. *sin.* encubrió. *ant.* mostró.

candente [can•den•te] / **red hot**
  adj. Cuando una noticia o asunto resulta de gran interés para todos. *ej.* El discurso del presidente fue un asunto candente que mantuvo a la prensa ocupada por una semana. *sin.* actual.

Cuando el metal se calienta y se vuelve de color rojo o blanco. *ej.* Al ganado le pusieron una marca con el metal **candente.**

canillas [ca•ni•llas] / **shank**
  s. La parte más delgada de la pierna. *ej.* Pedro tenía las canillas más delgadas del mundo.

cantaleta [can•ta•le•ta] / **repeat over and over**
  s. Repetir la misma cosa hasta causar fastidio. *ej.* Mi hermana se pasa con la cantaleta de que ella es la más inteligente del mundo.

canturrea [can•tu•rre•a] / **hum**
  v. canturrear Cantar una canción a media voz. *ej.* Aurora canturrea una canción antigua frente a su balcón.

C c

capaz [ca•paz] / capable
adj. Que tiene capacidad o habilidad para una actividad determinada. *ej.* Mi mascota es capaz de brincar tan alto como un canguro. *sin.* apto. *ant.* incapaz.

Que puede guardar un determinado número de cosas o personas. *ej.* El cine es **capaz** de aceptar a 100 espectadores.

capricho [ca•pri•cho] / whim
s. Cuando se desea algo de repente y con muchas ganas. *ej.* Y tuvo el capricho de comprarse el vestido más original que encontrara en la tienda. *sin.* antojo.

cápsula [cáp•su•la] / capsule
s. Membrana que tiene forma de bolsa y guarda cosas. *ej.* Venía envuelto en una cápsula color aceituna.

Envoltura que cubre algunos medicamentos. *ej.* Debo tomar una **cápsula** después de cada alimento.

captar [cap•tar] / pick up
v. Darse cuenta de algo por medio de los sentidos. *ej.* Con su nariz, el murciélago puede captar las vibraciones de los objetos. *sin.* atraer. *ant.* rechazar.

carabela [ca•ra•be•la] / caravel
s. Barco que se usaba en la antigüedad para transportar cosas de Europa a América. *ej.* Colón llegó a América en una carabela.

carambola [ca•ram•bo•la] / carom
s. Cuando en una sola acción se obtiene un resultado doble. *ej.* En el accidente se dio una carambola: un auto le pegó por atrás a otro y éste a su vez le pegó al de adelante.

cataclismo

C c

carcaj [car•caj] / **quiver**
   s. Caja portátil que se usa para guardar flechas. *ej.* Tomó una flecha de su carcaj y preparó el lanzamiento.

carcachita [car•ca•chi•ta] / **old car**
   s. Auto muy viejo y usado. *ej.* La carcachita de mi abuelo avanza con tal lentitud que adormece.

cardos [car•dos] / **thistles**
   s. Plantas con espinas. *ej.* Los cardos de los matorrales dificultaron el paso de la caravana.

carmesí [car•me•sí] / **crimson**
   s. Que es de color rojo. *ej.* La puesta de sol pasó del amarillo a un tono carmesí.

carnada [car•na•da] / **bait**
   s. Comida que se usa para cazar o pescar. *ej.* Usamos las lombrices del jardín como carnada para los peces.

Estrategia para que alguien haga lo que se quiere. *ej.* La **carnada** para convencerlo de hacer la tarea será un pastel de chocolate.

carraspeaba [ca•rras•pea•ba] / **cleared one's throat**
   v. carraspear Toser para aclarar la voz. *ej.* Juan carraspeaba cada vez que su papá le preguntaba por sus calificaciones en la escuela.

casaderos [ca•sa•de•ros] / **marrying age**
   adj. Personas que ya están en edad de casarse. *ej.* Tengo dos hermanos casaderos y mi casa está llena de muchachas guapas.

cataclismo [ca•ta•clis•mo] / **cataclysm**
   s. Cuando ocurre un desastre o una catástrofe. *ej.* El cataclismo destruyó mi casa por completo.

C c

catastrófico

catastrófico [ca•tas•tró•fi•co] / catastrophic
adj. Suceso inesperado que es desagradable. *ej.* Su presencia tuvo un efecto catastrófico en mi familia.

catedrático [ca•te•drá•ti•co] / professor
s. Título que tienen los maestros de enseñanza media y universidad. *ej.* El catedrático dio una plática sobre las características de las iguanas.

categóricas [ca•te•gó•ri•cas] / categorical
adj. Opiniones que son absolutas y determinantes. *ej.* El maestro dio evaluaciones categóricas a nuestros proyectos de arte. *sin.* contundentes. *ant.* imprecisas.

caudaloso [cau•da•lo•so] / plentiful
adj. Que lleva mucha agua.
ej. El río caudaloso lleva consigo salmones saltarines.
sin. abundante. *ant.* escaso.

cautivado [cau•ti•va•do] / captivated
adj. y *v. cautivar* Cuando alguien se siente atraído hacia algo. *ej.* Me sentí cautivado por la voz de la cantante de ópera. *sin.* encantado. *ant.* aburrido.

cautiverio [cau•ti•ve•rio] / captivity
s. Situación en que alguien se queda sin su libertad. *ej.* Después de un año de cautiverio, los ojos del gorila reflejaban tristeza. *sin.* prisión. *ant.* libertad.

cavidad [ca•vi•dad] / cavity
s. Hueco que hay en un cuerpo. *ej.* Escondido en la cavidad del tronco, las golondrinas hicieron su nido. *sin.* orificio.

cerámica

C c

ceder [ce•der] / yield
v. Disminuir la fuerza de algo.
ej. Por fin la fiebre cedió y María pudo regresar a la escuela. *sin.* cesó.
ant. intensificó.

Qué + significa

Dar algo a alguien en forma voluntaria. *ej.* Juan **cedió** su asiento a la dama anciana.

cegara [ce•ga•ra] / blind
v. cegar Perder la vista por una luz muy intensa.
ej. Evité que el eclipse me cegara usando lentes oscuros.

célebres [cé•le•bres] / celebrities
adj. Personas que son conocidas por muchos y tienen renombre. *ej.* Ellos fueron célebres por traer la paz a estas tierras. *sin.* famosos. *ant.* desconocidos.

cenote [ce•no•te] / natural well
s. Depósito subterráneo de agua.
ej. El cenote guardaba en su interior a miles de pericos y golondrinas rojas.

censurable [cen•su•ra•ble] / censurable
v. censurar Algo que es reprobado por otros. *ej.* Tirar basura en la calle es censurable porque contamina el ambiente. *sin.* criticable. *ant.* tolerable.

centelleando [cen•te•llean•do] / flashing
v. centellear Cuando algo produce un brillo intermitente. *ej.* La nave aterrizó centelleando sobre la loma.

cerámica [ce•rá•mi•ca] / ceramic
s. Conjunto de objetos de barro.
ej. Tenemos una vajilla de cerámica hecha por artesanos.

cerciorarme [cer•cio•rar•me] / assure
v. cerciorar Cuando se quiere estar seguro de algo.
ej. Sólo llamé para cerciorarme de que estuvieras en casa.
sin. convencerme.

ceremonial [ce•re•mo•nial] / ceremonial
s. Conjunto de normas y costumbres que forman parte de una celebración. *ej.* El ceremonial de la boda fue muy emocionante. *sin.* solemnidad. *ant.* insignificancia.

certero [cer•te•ro] / accurate
adj. Acción que da en el punto exacto.
ej. Con un toque certero, el dardo cayó en el centro del tablero. *sin.* acertado. *ant.* vacilante.

certeza [cer•te•za] / certainty
s. Cuando se sabe que algo es cierto; que no se tiene duda alguna.
ej. Tengo la certeza de que con una eficiente educación y campañas de concientización, en el futuro cuidaremos de los bosques.
sin. seguridad. *ant.* incertidumbre.

certificados [cer•ti•fi•ca•dos] / certificates
s. Documentos que confirman la existencia de alguien o de algo.
ej. Estoy leyendo el capítulo donde los dinosaurios llegan con sus certificados de nacimiento para probar que sí existieron.

cesar [ce•sar] / stop
v. Cuando algo se termina o se interrumpe. *ej.* Hay que cesar las guerras en el mundo. *sin.* finalizar, acabar. *ant.* continuar, proseguir.

chalet [cha•let] / cottage
s. Casa independiente que tiene jardín. *ej.* La familia jugaba cartas en el chalet de los abuelos.

chamanes [cha•ma•nes] / medicine men
s. Hechiceros que se dedican a curar a los enfermos. *ej.* Antes de que llegaran los doctores a la selva, los chamanes habían salvado muchas vidas.

chaparrón [cha•pa•rrón] / downpour
s. Tipo de lluvia que es intensa pero que dura poco. *ej.* Cayó un chaparrón en plena playa.

chapoteaba [cha•po•tea•ba] / splash
v. chapotear Hacer ruido al mover los pies o las manos en el agua o lodo. *ej.* Marcos chapoteaba cantando bajo la lluvia.

charlatán [char•la•tán] / chatterbox
s. Vendedor que anuncia sus productos hablando mucho y en voz alta. *ej.* Un charlatán vendía libros de varios temas en la calle. *sin.* vociglero. *ant.* discreto.

chasquear [chas•quear] / crack
v. Hacer un sonido sacudiendo el látigo o la lengua. *ej.* Cuando el domador comenzó a chasquear el látigo, los leones obedecieron.

chata [cha•ta] / flat
adj. Cuando un objeto es plano y corto. *ej.* Los elefantes no tienen una nariz chata. *sin.* romo. *ant.* prominente.

C c

chatarra

chatarra [cha•ta•rra] / junk
s. Máquina u objeto de metal que ya no sirve. *ej.* Don Jacinto busca entre la chatarra objetos para hacer esculturas.

chévere [ché•ve•re] / terrific
adj. Cuando algo es gracioso, bonito y elegante. *ej.* Fuimos a un baile de disfraces y fui el más chévere de todos. *sin.* bonito. *ant.* feo.

chicano [chi•ca•no] / chicano
adj. y *s.* Persona de origen mexicano que vive en Estados Unidos. *ej.* Javier es chicano porque vive en Florida y tanto él como sus padres son mexicanos.

chirimía [chi•ri•mí•a] / hornpipe
s. Instrumento musical de viento que se parece al clarinete. *ej.* Martha toca la chirimía y baila un buen danzón.

chirrió [chi•rrió] / squeaked
v. chirriar Hacer un sonido agudo y estridente. *ej.* La puerta chirrió por falta de aceite.

chisporroteaba [chis•po•rro•tea•ba] / throw out sparks
v. chisporrotear Cuando un objeto echa chispas. *ej.* La fogata chisporroteaba iluminando el campamento.

chivado [chi•va•do] / angry
adj. y *v. chivar* Estar enojado. *ej.* Santiago está bastante chivado porque hay especies en peligro de extinción y todavía no hay soluciones reales para este problema.

choclos [cho•clos] / wooden overshoes
s. En México, se les dice así a los zapatos. *ej.* Me puse mis choclos nuevos para ir a la fiesta de mi amiga Martha y bailar tap hasta cansarme.

chorizo [cho•ri•zo] / smoked pork sausage
s. Embutido hecho de carne de cerdo adobada. *ej.* Los huevos con chorizo son uno de mis desayunos preferidos.

choza [cho•za] / hut
s. Tipo de cabaña de construcción humilde. *ej.* Tomás vivía solo en una choza, lejos del poblado.

chubasco [chu•bas•co] / downpour
s. Lluvia que dura poco tiempo pero que es intensa. *ej.* El chubasco nos cayó en plena carretera. *sin.* aguacero. *ant.* sequía.

chulada [chu•la•da] / fantastic
adj. Que algo es bonito y llamativo. *ej.* Rosa se compró un vestido que es una chulada.

ciertamente [cier•ta•men•te] / certainly
adj. Cuando algo es cierto o verdadero. *ej.* Ciertamente, una fiesta de cumpleaños sin pastel ni invitados, no es una celebración para recordar. *sin.* por cierto.

C c

cimientos

cimientos [ci•mien•tos] / foundations
s. La base que sostiene algo. *ej.* La justicia y la verdad son los cimientos de nuestra asociación. *sin.* fundamentos.

Qué + significa

Parte de un edificio que se encuentra bajo tierra y sirve para sostenerlo. *ej.* La casa sobrevivió al huracán gracias a sus sólidos **cimientos.**

circunstancias [cir•cuns•tan•cias] / circumstances
s. Situación que rodea a algo o alguien. *ej.* El tráfico y la lluvia fueron las circunstancias que le impidieron llegar a tiempo a su clase de idiomas.

cirquera [cir•que•ra] / circus worker
s. Persona que trabaja en un circo o en un espectáculo donde actúan malabaristas, payasos y animales amaestrados. *ej.* La cirquera saltó del trapecio y dio tres vueltas en el aire.

civil [ci•vil] / civilian
s. Persona que no es militar, ni forma parte de una iglesia. *ej.* Un civil no puede usar armas.

clamor [cla•mor] / roar
s. Grito que es muy fuerte. *ej.* Los estudiantes lanzaron un clamor en contra del cierre del estadio. *sin.* queja. *ant.* silencio.

clandestino [clan•des•ti•no] / underground
adj. Cuando algo es secreto o está oculto. *ej.* El correo clandestino llegó a medianoche. *sin.* secreto. *ant.* público.

clanes [cla•nes] / clans
s. Grupos de personas que están unidas por intereses comunes. *ej.* Los deportistas y los escritores se juntaron en dos clanes.

claustro [claus•tro] / **cloister**
   s. Parte del patio principal de una iglesia. *ej.* Los novios esperaron a los invitados en el claustro.

cobertizo [co•ber•ti•zo] / **shed**
   s. Techo que sirve para proteger de la lluvia a personas o cosas. *ej.* Los labradores, al terminar la jornada, guardan sus instrumentos de trabajo en un cobertizo.

cobertor [co•ber•tor] / **bedcover**
   s. Colcha que se usa para cubrir la cama. *ej.* Mamá compró un cobertor para mi cama.

cocción [coc•ción] / **cooking**
   v. cocer Preparar un alimento hasta que esté listo para comerlo. *ej.* Preparamos el pescado en la fogata hasta que quedó en su punto de cocción.

codazo / **nudged**
   s. Golpe que se da con el codo. *ej.* Juan me dio un ligero codazo cuando la nueva vecina pasó frente a nosotros.

códices [có•di•ces] / **codex**
   s. Manuscritos que son muy antiguos. *ej.* Los códices egipcios fueron descubiertos por arqueólogos ingleses.

codiciados [co•di•cia•dos] / **coved**
   adj. Que se desean con intensidad. *ej.* Los libros antiguos son muy codiciados por mi hermano.

codificar [co•di•fi•car] / **codify**
   v. Usar un código para ocultar un mensaje. *ej.* El espía pudo codificar la carta para que el enemigo no la interceptara. *ant.* decodificar.

C c

cojeando [co•jean•do] / limping
v. cojear Que camina con un movimiento desigual por tener un problema en una pierna o pie. *ej.* El anciano se alejó cojeando.

colaboración [co•la•bo•ra•ción] / collaboration
v. colaborar Trabajar junto con otros para lograr un objetivo.
ej. Gracias a la colaboración de los gansos logramos cruzar el río.
sin. ayuda. *ant.* oposición.

coladores [co•la•do•res] / strainers
s. Utensilios que sirven para colar o filtrar un líquido.
ej. Usamos varios coladores para limpiar el agua.

colapso [co•lap•so] / breakdown
s. Cuando una actividad se detiene de pronto. *ej.* Si pudiéramos cruzar un hoyo negro en el espacio, viviríamos un colapso en el tiempo.

Qué + significa
Enfermedad provocada por problemas en la circulación de la sangre. *ej.* Al oír tan mala noticia, sufrió un **colapso**.

colectividades [co•lec•ti•vi•da•des] / collective
s. Conjunto de individuos que forman un grupo. *ej.* Nuestro país está formado por colectividades. *sin.* comunidades. *ant.* individualidades.

colegial [co•le•gial] / schoolboy
s. Estudiante que asiste a un colegio. *ej.* El colegial tiene que usar tres uniformes.

cólera [có•le•ra] / cholera
s. Sentir un enojo muy grande.
ej. La cólera es un sentimiento muy intenso que a veces es difícil controlar. *sin.* furia.
ant. placidez.

Qué + significa
Enfermedad que consiste en vómitos y diarrea. *ej.* El agua sucia puede transmitir el **cólera**.

colisión [co•li•sión] / **collision**
   s. Choque entre dos cuerpos. *ej.* La colisión de los meteoritos era inevitable. *sin.* encontronazo.

colmado [col•ma•do] / **full**
   v. colmar Sentir una satisfacción muy grande. *ej.* La victoria de mi equipo había colmado mis sueños. *sin.* excedido.

colonial [co•lo•nial] / **colonial**
   adj. Que pertenece a la época de la dominación española. *ej.* El Álamo es una construcción de la época colonial.

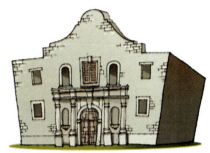

colonos [co•lo•nos] / **settlers**
   s. Personas que viven en una colonia. *ej.* Los colonos construyeron una nueva ciudad.

colosal [co•lo•sal] / **colossal**
   adj. Que algo es de gran tamaño. *ej.* La Estatua de la Libertad es colosal. *sin.* enorme. *ant.* pequeña.

Qué + significa

Que algo es extraordinario. *ej.* A la mitad del espectáculo, una luz **colosal** nos cubrió por completo.

comensales [co•men•sa•les] / **table companions**
   s. Personas que comen en una misma mesa. *ej.* Los comensales disfrutaron los nuevos platillos.

comestibles [co•mes•ti•bles] / **edible**
   s. Todo lo que sirve de alimento. *ej.* La mesa estaba repleta de comestibles provenientes de varios países.

cometido [co•me•ti•do] / **task**
   s. Trabajo u obligación que se tiene asignado. *ej.* Mi cometido es obtener buenas calificaciones en la escuela.

C c

comisuras

comisuras [co•mi•su•ras] / corners
   s. Punto en que se unen los labios o los párpados. *ej.* Una sonrisa apareció en las comisuras de sus labios.

compadecerse [com•pa•de•cer•se] / pity
   v. compadecer Sentir pena por la desgracia de los otros.
   ej. El joven tuvo que compadecerse del anciano enfermo.
   sin. lamentarse. *ant.* alegrarse.

compadre [com•pa•dre] / godfather
   s. El padrino de un niño y sus padres. *ej.* Mi compadre le regaló un avión a mi hijo.

compartimiento [com•par•ti•mien•to] / compartments
   s. Cada una de las partes en que se divide un espacio. *ej.* Guardé mi bolso de deportes en el compartimiento que correspondía en el armario. *sin.* casilla.

compensar [com•pen•sar] / compensate
   v. Cuando se da algo bueno a cambio del daño que se causó.
   ej. Para compensar su error, la abuela dejó que sus nietos abrieran el baúl de sus recuerdos. *sin.* remediar. *ant.* descompensar.

complacido [com•pla•ci•do] / please
   v. complacer Estar bastante satisfecho con algo. *ej.* El maestro estaba complacido con la actitud de sus alumnos. *sin.* halagado. *ant.* dolido.

complejo [com•ple•jo] / complex
   adj. Que es difícil de comprender porque está formado por diversos elementos. *ej.* Armar este rompecabezas es más complejo de lo que yo creía.
   sin. difícil. *ant.* simple.

Qué + significa

Conjunto de establecimientos. *ej.* El **complejo** turístico de Los Ángeles es muy moderno.

complicidad [com•pli•ci•dad] / complicity
s. Cuando alguien coopera con otro en un delito o en una travesura. *ej.* El ladrón actuó en complicidad con el dueño de la tienda. *sin.* confabulación. *ant.* inocencia.

comportamiento [com•por•ta•mien•to] / behavior
s. El modo en que alguien actúa. *ej.* El comportamiento de Juan es el de un joven bien educado. *sin.* proceder.

comprimido [com•pri•mi•do] / tablet
s. Medicamento en forma de pastilla. *ej.* Alicia tomó un comprimido para la gripe y así se sintió mejor. *sin.* gragea.

Cuando se reduce el volumen de algo. *ej.* El archivo fue **comprimido** para que cupiera en el disquete.

comunal [co•mu•nal] / common
adj. Todo lo que pertenece a una comunidad de vecinos. *ej.* El jardín de mi edificio es propiedad comunal.

comunitario [co•mu•ni•ta•rio] / community
adj. Que forma parte de una comunidad. *ej.* Fui al centro comunitario para cuidar a unos ancianos.

conceder [con•ce•der] / grant
v. Cuando alguien da u otorga algo. *ej.* La escuela va a conceder una beca a Manuel. *sin.* conferir. *ant.* denegar.

concejo [con•ce•jo] / town council
s. Ayuntamiento. *ej.* El concejo decidió limpiar las calles en las noches.

concentración [con•cen•tra•ción] / concentration
v. concentrar Reunir en un punto lo que estaba separado.
ej. El entrenador llamó a concentración a todos los jugadores.

concerniente [con•cer•nien•te] / concerning
v. concernir Que está relacionado con lo que se dice. *ej.* En lo concerniente al tema de hoy, estudiaremos los diptongos. *sin.* refiere.

concesión [con•ce•sión] / concession
v. conceder Dar permiso para realizar algo. *ej.* Amanda obtuvo la concesión de sus padres para ir al cine. *sin.* consentimiento. *ant.* disentimiento.

conciben [con•ci•ben] / conceive
v. concebir Cuando se forman en la mente ideas de algo. *ej.* Los científicos conciben soluciones para combatir enfermedades. *sin.* crean.

Cuando la hembra queda fecundada. *ej.* Las vacas **conciben** becerros cada verano.

conciencia [con•cien•cia] / consciousness
s. Conocimiento personal que se tiene del bien y del mal. *ej.* Mi conciencia me reprochó el haber reñido con mi hermana. *sin.* razón. *ant.* inconsciencia.

concreto [con•cre•to] / concrete
adj. Cuando algo es preciso o determinado. *ej.* Un hecho concreto es que a mi amigo Juan no le gustan los chocolates.

condensa [con•den•sa] / condense
v. condensar Reducir algo a un volumen más pequeño. *ej.* El frío condensa el agua. *sin.* comprime. *ant.* desvanece.

confesión [con•fe•sión] / confession
s. Decir lo que se mantenía oculto. *ej.* La confesión que me hizo mi amiga Aurora me dejó sin habla. *sin.* confidencia. *ant.* silencio.

confinamiento [con•fi•na•mien•to] / confinement
v. confinar Obligar a alguien o algo a vivir en un determinado lugar. *ej.* El acusado fue puesto en confinamiento en una casa lejos de la ciudad. *sin.* destierro. *ant.* libertad.

confite [con•fi•te] / candy
s. Pasta de azúcar en forma de bola pequeña. *ej.* El confite de nuez le encanta a mi abuelo.

conflicto [con•flic•to] / conflict
s. Desacuerdo que existe entre personas o cosas. *ej.* Los amigos resolvieron el conflicto que tenían por los goles anulados en el partido. *sin.* disputa. *ant.* arreglo.

confluía [con•flu•í•a] / come together
v. confluir Cuando se reúne en un sitio mucha gente. *ej.* Poco a poco, el enorme grupo confluía en el centro de la ciudad. *sin.* juntaba. *ant.* dispersaba.

Cuando se juntan en un lugar varios ríos o caminos. *ej.* Hace mucho tiempo, los caminos rurales **confluían** en este poblado.

conformidad [con•for•mi•dad] / conformity
s. Actitud de estar de acuerdo con alguien o algo. *ej.* Los dos hermanos aceptaron en conformidad limpiar la cochera. *sin.* consenso. *ant.* disconformidad.

confraternidad [con•fra•ter•ni•dad] / brotherhood
s. Cuando hay una relación de hermanos por parentesco o amistad. *ej.* La confraternidad de Jorge y Sergio se debe a una larga amistad.

confrontación [con•fron•ta•ción] / confrontation
v. confrontar Cuando se compara una cosa con otra. *ej.* Los dos mejores tenistas realizaron una confrontación de sus fuerzas. *sin.* enfrentamiento.

C c

congregarse

congregarse [con•gre•gar•se] / congregate
v. congregar Que se reúnen.
ej. Los niños corrieron a congregarse alrededor del payaso. *sin.* juntarse. *ant.* disgregarse.

congresista [con•gre•sis•ta] / congressman
s. Persona que forma parte de un congreso. *ej.* El congresista defendió el cuidado del medio ambiente.

conlleva [con•lle•va] / carry
v. conllevar Tener como consecuencia algo. *ej.* Hacer la tarea con prisa conlleva muchos errores. *sin.* lleva.

Que tiene que soportar o sufrir algo. *ej.* La comida chatarra **conlleva** a la desnutrición.

conmoción [con•mo•ción] / commotion
v. conmocionar Cuando tiene lugar una agitación de modo violento. *ej.* La erupción del volcán causó conmoción en la población. *sin.* perturbación. *ant.* sosiego.

conmovió [con•mo•vió] / move
v. conmover Cuando una persona se siente enternecida. *ej.* El arco iris conmovió a los muchachos hasta olvidar sus penas. *sin.* emocionó. *ant.* endureció.

consciente [cons•cien•te] / conscious
adj. Cuando una persona sabe cuáles son las consecuencias de sus actos. *ej.* El bombero subió la escalera, consciente de que corría peligro. *sin.* sabedor. *ant.* desconocedor.

consecutivo [con•se•cu•ti•vo] / consecutive
adj. Que sigue inmediatamente a algo. *ej.* Acomodaron los números en orden consecutivo del 100 al 1000.

constelaciones

Cc

consejo [con•se•jo] / **advice**
s. Opinión que se da a otro para que haga o no algo.
ej. Mi consejo es que se levanten temprano para aprovechar el día.
sin. sugerencia.

considerado [con•si•de•ra•do] / **considerate**
adj. Persona que actúa con respeto y amabilidad. *ej.* Fue tan considerado que me ayudó a subir las escaleras. *sin.* cortés. *ant.* desconsiderado.

La persona que recibe muestras de respeto y administración. *ej.* Shakespeare es **considerado** uno de los mejores escritores de la historia.

consistencia [con•sis•ten•cia] / **consistency**
s. Cuando un objeto no se rompe ni se deforma con facilidad.
ej. La estructura de este edificio tiene una consistencia de acero.
sin. solidez. *ant.* fragilidad.

consolar [con•so•lar] / **console**
v. Cuando alguien alivia o calma la pena de otra persona. *ej.* Mi gata me quiso consolar con sus caricias. *sin.* animar. *ant.* agobiar.

conspiración [cons•pi•ra•ción] / **conspiracy**
s. Alianza que forman varias personas contra alguna autoridad. *ej.* La conspiración contra el rey se llevó a cabo y al final él tuvo que huir del país. *sin.* complot. *ant.* lealtad.

constelaciones [cons•te•la•cio•nes] / **constellations**
s. Grupos de estrellas muy próximas que forman una figura, la cual recibe un nombre particular. *ej.* Viajaremos por varias constelaciones en el 3045.

C c

consternados [cons•ter•na•dos] / dismay
v. consternar Cuando se sufre una pena.
ej. La noticia de la enfermedad del abuelo nos dejó consternados. *sin.* afligidos.

constitucional [cons•ti•tu•cio•nal] / constitutional
adj. Que forma parte de la Constitución de un Estado. *ej.* La educación para todos los niños y jóvenes de este país es un derecho constitucional.

constructivas [cons•truc•ti•vas] / constructive
adj. Que sirven para mejorar o construir algo.
ej. El sastre hizo críticas constructivas sobre mi traje. *sin.* positivas. *ant.* negativas.

consuelo [con•sue•lo] / consolation
s. Aliviar el sufrimiento de alguien. *ej.* Los amigos dan consuelo a quien lo necesita.
sin. ánimo. *ant.* agobio.

consumió [con•su•mió] / consumed
v. consumir Que algo se extinguió o acabó. *ej.* El surtidor de agua se consumió con la sequía. *sin.* agotó. *ant.* conservó.

contaminación [con•ta•mi•na•ción] / pollution
s. Daño que se hace al medio ambiente. *ej.* La contaminación puede evitarse si todos cooperamos.

contemplar [con•tem•plar] / contemplate
v. Mirar por mucho tiempo y con atención. *ej.* Me puse a contemplar la noche colmada de estrellas. *sin.* admirar. *ant.* desdeñar.

Qué + significa

Tomar en cuenta algo. *ej.* Empezamos a **contemplar** la idea de admitir a Ramón en nuestro equipo de basquetbol.

contemporáneos [con•tem•po•rá•neos] / contemporary
adj. Personas que vivieron en la misma época. *ej.* Mi abuelo y tu abuela son contemporáneos, ellos crecieron en los años cincuenta. *sin.* coetáneo.

contener [con•te•ner] / contain
v. Cuando una cosa está dentro de otra. *ej.* El frasco sirvió para contener el ácido del laboratorio. *sin.* encerrar. *ant.* liberar.

Qué + significa
Cuando se reprime un deseo o sentimiento. *ej.* Apenas pude **contener** las lágrimas de la emoción.

contornos [con•tor•nos] / outline
s. El territorio que rodea un lugar. *ej.* Los contornos de la ciudad podían verse a lo lejos. *sin.* rededores. *ant.* interior.

contracción [con•trac•ción] / contraction
v. contraer Respuesta de un músculo que consiste en un encogimiento del mismo. *ej.* La medicina le ayudó a evitar la contracción de su estómago. *sin.* espasmo. *ant.* expansión.

contrahecho [con•tra•he•cho] / deformed
adj. Cuando una persona tiene deforme el cuerpo. *ej.* En la película, el villano quedó contrahecho luego de un accidente.

contratista [con•tra•tis•ta] / contractor
s. Persona contratada para hacer una obra o servicio. *ej.* El contratista se encargará de pintar la casa.

contribuir [con•tri•bu•ir] / contribute
v. Ayudar a otros para alcanzar un objetivo. *ej.* Pude contribuir con parte de mis ahorros a la colecta anual de la Cruz Roja. *sin.* cooperar. *ant.* librar.

C c

contrincante [con•trin•can•te] / rival
s. Persona o grupo con los que se compite. *ej.* Mi contrincante traía un nuevo equipo de buceo, así que sería difícil ganar la competencia. *sin.* adversario. *ant.* aliado.

controversia [con•tro•ver•sia] / controversy
s. Larga discusión sobre un asunto. *ej.* La controversia sobre el uso de la energía atómica es un tema que no se agota. *sin.* polémica. *ant.* acuerdo.

convalecencia [con•va•le•cen•cia] / convalescence
s. Tiempo de recuperación que necesita un enfermo. *ej.* Con mis cuidados, mi mascota pasará su convalecencia con mayor ánimo. *sin.* mejoría.

convicción [con•vic•ción] / convince
s. Idea firme que se tiene sobre algún tema. *ej.* El científico tiene la convicción de que hará un gran descubrimiento. *sin.* convencimiento. *ant.* incertidumbre.

convincente [con•vin•cen•te] / conviction
adj. Cuando una persona consigue que otra actúe o piense de cierta manera. *ej.* Paty fue tan convincente que logró que sus vecinos cooperaran para limpiar el parque del vecindario. *sin.* persuasiva. *ant.* discutible.

conviniera [con•vi•nie•ra] / suitable
v. *convenir* Cuando una cosa es buena o útil para alguien o algo. *ej.* Haríamos nuestro día de campo en un lugar que nos conviniera a todos. *sin.* interesara. *ant.* desagradara.

convivir [con•vi•vir] / coexist
v. Vivir en compañía de otros individuos. *ej.* Las focas lograron convivir en una sola playa. *sin.* cohabitar.

convulsivamente [con•vul•si•va•men•te] / **convulse**
adv. Fuerte sacudida que tiene la tierra o el mar. *ej.* Con el terremoto, la tierra se agitó convulsivamente. *sin.* frenéticamente. *ant.* tranquilamente.

copiosa [co•pio•sa] / **abundant**
adj. Cuando algo es abundante. *ej.* Me ofreció una copiosa porción de helado. *sin.* abundante. *ant.* escasa.

copla [co•pla] / **verse**
s. Composición poética que se usa en canciones populares. *ej.* Marisol cantó una copla que narra las aventuras de Don Quijote.

cordialmente [cor•dial•men•te] / **cordial**
adj. Que se hace algo de modo afectuoso. *ej.* Nos despedimos cordialmente con un fuerte abrazo. *sin.* amablemente. *ant.* secamente.

coreografía [co•reo•gra•fí•a] / **choreography**
s. Conjunto de pasos y movimientos que componen un ballet. *ej.* Los rusos se lucieron con la coreografía de su ballet.

coronilla [co•ro•ni•lla] / **crown of head**
s. Parte superior de la cabeza. *ej.* Ya no aguanto tanto ruido, estoy hasta la coronilla.

corpachón [cor•pa•chón] / **stocky**
s. Cuerpo fuerte y grande de una persona. *ej.* El leñador tenía un corpachón que parecía de gladiador.

correosa [co•rreo•sa] / **leathery**
adj. Que es flexible y difícil de partir. *ej.* La cuerda del trapecio ya está correosa y lista para usarla.

C c

corresponsal

corresponsal [co•rres•pon•sal] / **correspondent**
s. Periodista que trabaja en el extranjero para un medio de comunicación. *ej.* Nuestro corresponsal en Praga nos envió la noticia de la inundación.

corriente [co•rrien•te] / **common**
adj. Que es habitual o se ha hecho una costumbre. *ej.* El pan con mantequilla y café son el desayuno corriente de muchos oficinistas. *sin.* común. *ant.* desusado.

El paso que lleva la electricidad. *ej.* La **corriente** eléctrica se interrumpió con la lluvia.

cortafuegos [cor•ta•fue•gos] / **firebreak**
s. Camino ancho que se coloca en los campos para evitar los incendios. *ej.* Gracias al cortafuegos, el sembradío se salvó del incendio.

cortejarlas [cor•te•jar•las] / **court**
v. cortejar Cuando una persona se dedica a galantear o enamorar a alguien. *ej.* Se perfumó para poder cortejarlas como galán de película. *sin.* coquetearles. *ant.* desdeñarlas.

cortesanos [cor•te•sa•nos] / **of the court**
s. Personas que pertenecen a la corte o acompañan al rey. *ej.* Los cortesanos bailaron contentos ante su reina.

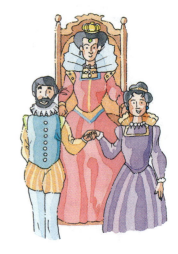

cortometrajes [cor•to•me•tra•jes] / **short films**
s. Película corta que dura entre ocho y treinta minutos. *ej.* Los cortometrajes se parecen a los cuentos porque duran poco.

creación [cre•a•ción] / creation
   s. Cosa creada de la imaginación de una persona. *ej.* El escultor terminó su creación y la nombró "La Venus". *sin.* obra.

creces [cre•ces] / fully
   adj. Que es más de lo necesario. *ej.* Obtuve mi recompensa con creces.

crepitante [cre•pi•tan•te] / crackle
   adj. El ruido que produce algo al arder. *ej.* La chimenea crepitante nos arrulló hasta el amanecer. *sin.* castañeante.

cresta [cres•ta] / crest
   s. Nombre que se le da a la cima de una montaña o de una ola. *ej.* Colocaron su bandera en la cresta de la montaña.

Carnosidad de color rojo que aparece en la cabeza de algunas aves. *ej.* El gallo agitó su **cresta** en señal de saludo.

criminal [cri•mi•nal] / criminal
   adj. Que realiza actos reprobables. *ej.* El malhechor cometió una acción criminal y por ello debe ser castigado. *sin.* delictiva. *ant.* virtuosa.

cripta [crip•ta] / crypt
   s. Lugar subterráneo donde entierran a los muertos. *ej.* En la cripta había una inscripción en latín.

crispado [cris•pa•do] / tense
   adj. Señal de que alguien está irritado o molesto. *ej.* El hombre traía el puño crispado del coraje. *sin.* tenso. *ant.* relajado.

criterio [cri•te•rio] / opinion
   s. Opinión que se tiene acerca de un asunto. *ej.* A mi criterio, los niños deberíamos de tener un espacio en la radio para expresar nuestras ideas. *sin.* parecer.

crónica

crónica [cró•ni•ca] / chronicle
s. Relato que narra hechos históricos. *ej.* Leí una crónica de las hazañas del rey Arturo.

cronológico [cro•no•ló•gi•co] / chronological
adj. Que indica el orden en que sucedieron los hechos. *ej.* En orden cronológico, mi tortuga nació, creció, se reprodujo y murió.

crucial [cru•cial] / crucial
adj. Momento importante en que se decide una cosa. *ej.* Ese gol fue crucial para que ganara nuestro equipo. *sin.* decisivo.

crueldad [cruel•dad] / cruelty
s. Modo en que alguien actúa para hacer sufrir a otros.
ej. Si hablas con crueldad, te quedarás sin amigos.
sin. crudeza. *ant.* piedad.

cuantiosas [cuan•tio•sas] / substantial
adj. Cuando las cosas son grandes en cantidad y número. *ej.* Las cosechas fueron cuantiosas este año.

cuáqueros [cuá•que•ros] / quakers
s. Personas que pertenecen a la secta religiosa fundada por George Fox. *ej.* El movimiento de los cuáqueros se extendió en Estados Unidos en el siglo XVII.

cubismo [cu•bis•mo] / cubism
s. Movimiento artístico que usa figuras geométricas para representar ideas. *ej.* El cubismo fue encabezado por Picasso.

cuchicheo [cu•chi•che•o] / whispering
s. Hablar en voz baja para que otros no se enteren.
ej. Su cuchicheo me hizo sospechar que tramaba algo.
sin. murmuración.

cuchillada [cu•chi•lla•da] / stab
s. Golpe que se da con un cuchillo u otra arma similar.
ej. A tiempo esquivó la cuchillada del agresor.

cuclillas [cu•cli•llas] / crouching
loc. adv. Sentarse en el suelo con el cuerpo doblado sobre las piernas. *ej.* Me senté en cuclillas como hacen los hindúes.

cuenco [cuen•co] / earthenware bowl
s. Vaso hecho de barro. *ej.* Me sirvieron leche en un cuenco nuevo.

culinarios [cu•li•na•rios] / culinary
adj. Que forman parte de la cocina o del arte de cocinar. *ej.* Sus conocimientos culinarios lo volvieron un gran chef.

culturas [cul•tu•ras] / culture
s. Conjunto de costumbres, estructuras sociales, religión y manifestaciones artísticas de un grupo social. *ej.* Las culturas orientales son misteriosas para nosotros los occidentales.

cumbia [cum•bia] / Columbian dance
s. Danza popular colombiana y panameña.
ej. Bailamos una cumbia con mucha alegría.

cuño [cu•ño] / newly-coined
s. Dibujo que plasma el instrumento para sellar monedas. *ej.* El cuño de la moneda era el rostro de su héroe nacional.

C c

cupones

cupones [cu•po•nes] / coupons
s. Recortes de papel que sirven para obtener descuentos en algunos lugares. *ej.* Los cupones nos sirvieron para comprar doble porción de chocolates.

curada [cu•ra•da] / cured
adj. Material que está seco o curtido. *ej.* La madera quedó curada y lista para trabajarla.

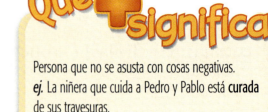

Persona que no se asusta con cosas negativas. *ej.* La niñera que cuida a Pedro y Pablo está **curada** de sus travesuras.

cursis [cur•sis] / tacky
adj. y *s.* Personas o cosas que aparentan ser finas y elegantes, pero resultan ser ridículas y de mal gusto. *ej.* Los sombreros lilas se veían cursis entre toda la gente vestida de negro. *sin.* teatrales. *ant.* naturales.

curtir [cur•tir] / tan
v. Preparar las pieles para convertirlas en cuero y de ahí fabricar zapatos, bolsas, etc. *ej.* Antes de cortarlas y coserlas, pusimos a curtir las pieles.

custodia [cus•to•dia] / custody
s. Persona que se dedica a proteger y vigilar. *ej.* Colocamos el tesoro bajo la custodia de los piratas. *sin.* resguardo. *ant.* desamparo.

cuya [cu•ya] / whose
p. Pronombre que significa *de quien, de la cual. ej.* La casa, cuya puerta era de hierro, estaba abierta de par en par.

decrecer **D d**

dañinos [da•ñi•nos] / harmful
adj. Que causa un daño o un mal.
ej. Los alimentos grasosos, comidos en exceso, son dañinos para la salud.
sin. perjudiciales. *ant.* benéficos.

datan [da•tan] / date
v. datar Que existen desde una época o fecha determinada. *ej.* Estas pinturas datan del siglo XIX.

deambular [deam•bu•lar] / roamed
v. Caminar sin una determinada dirección. *ej.* Comencé a deambular por las calles de la ciudad. *sin.* caminar. *ant.* descansar.

debate [de•ba•te] / debate
s. Situación donde personas con diferentes puntos de vista discuten sobre un tema. *ej.* El debate sobre la guerra condujo a la paz mundial. *sin.* controversia. *ant.* acuerdo.

Cuando dos o más personas combaten entre sí. *ej.* Los caballeros se enfrentaron en un **debate** para defender su honor.

débil [dé•bil] / weak
adj. Que no tiene mucha fuerza.
ej. Del ave salió un canto triste y débil.
sin. delicado. *ant.* vigoroso.

debuté [de•bu•té] / debut
v. debutar Presentarse por primera vez ante el público. *ej.* Cuando debuté como bailarina, era un manojo de nervios.

declive [de•cli•ve] / slope
s. Terreno o superficie inclinada.
ej. La pelota rodó por el declive del tejado y así pude recuperarla.

decrecer [de•cre•cer] / decrease
v. Cuando se disminuye algo en cantidad. *ej.* El río comenzó a decrecer con tanta sequía. *sin.* disminuir. *ant.* crecer.

Caída de alguna cosa o persona, decadencia. *ej.* El **declive** del imperio romano ocurrió poco a poco.

D d

dedicación

dedicación [de•di•ca•ción] / dedication
v. dedicar Trabajar en algo para un objetivo. *ej.* Su dedicación por la ciencia lo llevó a descubrir una vacuna. *sin.* tesón. *ant.* apatía.

deducciones [de•duc•cio•nes] / deduction
v. deducir Descuentos que se hacen en un precio dado. *ej.* Con las deducciones en el precio normal, pude comprar la patineta. *sin.* rebaja. *ant.* incremento.

defensa [de•fen•sa] / defense
v. defender Proteger a algo o alguien de quien lo ataca. *ej.* La defensa logró liberar al acusado. *sin.* resguardar. *ant.* atacar.

Qué + significa
Objeto que se usa como protección. *ej.* La **defensa** del carro quedó un poco abollada.

deficiencia [de•fi•cien•cia] / deficiency
s. Cuando un objeto o persona tiene algún defecto o imperfección. *ej.* Mi abuelo tiene una deficiencia en el oído. *sin.* imperfección.

defraudada [de•frau•da•da] / disappointed
v. defraudar Obtener un resultado distinto al esperado. *ej.* A pesar de volver a pegar las piezas, el florero perdió su forma y yo quedé defraudada. *sin.* decepcionada. *ant.* ilusionada.

degradan [de•gra•dan] / degrade
v. degradar Bajar a alguien de grado y dignidad. *ej.* Los arranques de ira degradan a las personas. *sin.* deshonran. *ant.* enaltecen.

deidades [dei•da•des] / deities
s. Personajes divinos. *ej.* Los griegos creían que las deidades del Olimpo brillaban en el cielo. *sin.* divinidades.

delantal [de•lan•tal] / apron
s. Prenda atada a la cintura que protege la ropa. *ej.* Me puse el delantal para preparar el pastel de manzana.

delegar [de•le•gar] / delegate
v. Dar a otro el poder para hacer algo. *ej.* Comenzó por delegar la limpieza de la casa a sus hijos. *sin.* encargar. *ant.* asumir.

deleite [de•lei•te] / delight
s. Que produce placer o satisfacción. *ej.* Ir de vacaciones a Grecia fue un deleite. *sin.* goce. *ant.* aburrimiento.

deliberadamente [de•li•be•ra•da•men•te] / deliberately
adv. Que se hace de modo voluntario. *ej.* Estaba enojada, así que lo ignoré deliberadamente. *sin.* intencionalmente. *ant.* involuntariamente.

deliciosos [de•li•cio•sos] / delicious
adj. Que tienen un olor, sabor o apariencia bastante agradable. *ej.* Vi una foto de los más deliciosos vegetales que puedas imaginar. *sin.* sabrosos. *ant.* desagradables.

delira [de•li•ra] / delirious
v. delirar Cuando alguien dice cosas disparatadas. *ej.* Esa mujer delira, los elefantes no pueden volar. *sin.* desvaría. *ant.* razona.

demorar [de•mo•rar] / delay
v. Llegar tarde y con retraso. *ej.* El tráfico nos hizo demorar más de la cuenta. *sin.* retrasar. *ant.* avanzar.

densamente [den•sa•men•te] / densely
adv. Que algo se presenta amontonado. *ej.* La bruma se extendía densamente por el camino. *sin.* compactamente. *ant.* fluidamente.

Dd

denunciarla

denunciarla [de•nun•ciar•la] / report
v. denunciar Declarar que algo es ilegal *ej.* Fuimos a denunciarla ante las autoridades. *sin.* delatarla. *ant.* encubrirla.

dependencias [de•pen•den•cias] / dependences
s. Personas que necesitan de alguna cosa para sobrevivir. *ej.* Las dependencias a las drogas y el tabaco hacen mucho daño. *sin.* sometimiento. *ant.* independencia.

Qué + significa
Oficinas que dependen de otras de mayor autoridad. *ej.* Mi papá trabaja en una de las **dependencias** del gobierno federal.

depósitos [de•pó•si•tos] / deposits
s. Recipientes donde se vierten productos líquidos o gaseosos. *ej.* Vierte el agua del río en los depósitos para destilarla. *sin.* precipitado.

depresión [de•pre•sión] / depression
s. Que alguien siente melancolía o tristeza. *ej.* Tu ausencia me dejó en una gran depresión. *sin.* postración. *ant.* alegría.

derechos [de•re•chos] / rights
s. Lo que una persona merece y puede reclamar. *ej.* Ser escuchado es uno de los derechos de los niños.

deriva [de•ri•va] / derives
v. derivar Cuando algo toma una dirección nueva. *ej.* Su risa de pronto deriva en llanto. *sin.* cambia.

derrama [de•rra•ma] / spill
v. derramar Tirar un líquido. *ej.* Mientras sirve el té, Magda derrama algunas gotas sobre el mantel. *sin.* esparce.

derredor [de•rre•dor] / around
s. Contorno que rodea alguna cosa *ej.* Pude ver el jardín en derredor de la casa. *sin.* alrededor.

derrotas [de•rro•tas] / defeats
v. derrotar Vencer a alguien en una competencia. *ej.* Las últimas dos derrotas nos sacaron del campeonato. *sin.* fracasos. *ant.* victorias.

derrumbado [de•rrum•ba•do] / knock down
v. derrumbar Destruir una construcción o un objeto estable. *ej.* En pocas horas, el edificio quedó derrumbado por la imponente maquinaria. *sin.* derribado. *ant.* reconstruido.

desadaptación [de•sa•dap•ta•ción] / inability to adapt
v. desadaptar Cuando algo no está adaptado o acomodado. *ej.* Por su desadaptación, Melissa no pudo ser parte del grupo.

desafiante [de•sa•fian•te] / defiant
adj. Que provoca a alguien para competir. *ej.* Lanzó una mirada desafiante antes de tirarse del trampolín. *sin.* retadora.

Enfrentarse con valor a una situación peligrosa. *ej.* En una actitud **desafiante**, Pedro se lanzó en el paracaídas.

desafinada [de•sa•fi•na•da] / out of tune
v. desafinar Cuando desentona un instrumento. *ej.* La primer nota sonó tan desafinada que nos tapamos los oídos.

desafortunada [de•sa•for•tu•na•da] / unfortunate
adj. Que no tiene fortuna o buena suerte. *ej.* La tía Marisa es desafortunada en el bingo; nunca ha ganado un premio. *sin.* desventurada. *ant.* afortunada.

Dd

desagüe

desagüe [de•sa•güe] / drainage
s. Conducto por donde sale agua sucia de las ciudades. *ej.* Los ratones huyeron por el desagüe en una caja de zapatos.

desalentada [de•sa•len•ta•da] / discouraged
v. desalentar Cuando alguien pierde el ánimo. *ej.* Karina terminó desalentada la competencia. Quedó en último lugar.
sin. desanimada. *ant.* alentada.

desamparado [de•sam•pa•ra•do] / helpless
v. desamparar Dejar a alguien sin protección. *ej.* Un perrito desamparado aullaba en mi puerta. *sin.* abandonado. *ant.* cuidado.

desapercibido [de•sa•per•ci•bi•do] / unnoticed
adj. Que pasa sin llamar la atención.
ej. El humo pasó desapercibido por encima de sus cabezas. *sin.* inadvertido.
ant. percibido.

desaprobación [de•sa•pro•ba•ción] / disapproval
v. desaprobar Considerar que una acción no es buena. *ej.* Su travesura provocó la desaprobación de sus padres. *sin.* reproche.
ant. aprobación.

desató [de•sa•tó] / untied
v. desatar Soltar lo que está atado. *ej.* Sonia desató los moños de su regalo.

desbordó [des•bor•dó] / overflowed
v. desbordar Que se sale de su cauce o ruta. *ej.* El canal se desbordó e inundó los campos sembrados.

Qué + significa

Cuando una fuerza natural estalla con violencia.
ej. Un viento huracanado se **desató** de pronto.

desconcertante

descabellada [des•ca•be•lla•da] / **crazy**
adj. Cuando una cosa resulta absurda o ilógica. *ej.* En el pasado, llegar a la luna era una idea descabellada. *sin.* disparatada. *ant.* sensata.

descarga [des•car•ga] / **unloading**
v. descargar Quitar toda o parte de una carga. *ej.* Con la descarga de las maletas, el camello se sintió más ligero.
sin. liberación. *ant.* carga.

descaro [des•ca•ro] / **insolent**
s. Cuando alguien se atreve a hacer algo sin ningún temor. *ej.* Lucas tomó la bicicleta de Raúl con total descaro.
sin. osadía. *ant.* discreción.

descendencia [des•cen•den•cia] / **descendants**
s. Los hijos y nietos de una persona. *ej.* Mi descendencia se sentirá orgullosa de haber tenido una abuela que escribió cuentos para niños.

descifrable [des•ci•fra•ble] / **decipherable**
adj. Aquello que puede leerse por medio de un código.
ej. Con su código hicimos que la carta pudiera ser descifrable.
sin. comprensible.

descomunal [des•co•mu•nal] / **huge**
adj. Cuando algo es enorme y extraordinario. *ej.* El califa me premió con un anillo descomunal.
sin. gigantesco. *ant.* diminuto.

desconcertante [des•con•cer•tan•te] / **disturbing**
adj. Aquello que sorprende a los demás.
ej. La noticia de la desaparición de la obra de arte fue desconcertante.
sin. insólita. *ant.* habitual.

desconfía [des•con•fí•a] / mistrust
v. desconfiar Cuando alguien sospecha de algo o de alguien. *ej.* Desconfía de los extraños que te ofrecen regalos a cambio de hacer algo incorrecto. *sin.* recela. *ant.* confía.

desconsolados [des•con•so•la•dos] / disconsolate
v. desconsolar Cuando las personas sienten una gran pena. *ej.* Cuando perdieron el partido, los jugadores quedaron desconsolados. *sin.* afligidos. *ant.* alegres.

descontroladamente [des•con•tro•la•da•men•te] / lack of control
adv. Que no tiene control sobre algo. *ej.* Manejó el carro descontroladamente y estuvo a punto de chocar.

descorazonado [des•co•ra•zo•na•do] / discouraged
v. descorazonar Que está desanimado y no tiene esperanza. *ej.* Marcial perdió su raqueta y, descorazonado, se salió de la competencia de tenis. *sin.* desalentado. *ant.* alentado.

desdentada [des•den•ta•da] / toothless
adj. Cuando a alguien le hacen faltan sus dientes. *ej.* El vendedor de lámparas me sonrió con su boca desdentada.

desdeñosa [des•de•ño•sa] / disdainful
adj. Que muestra indiferencia hacia alguien o algo. *ej.* La heredera, desdeñosa, se negó a casarse con el labrador. *sin.* arrogante. *ant.* sencilla.

desdichada [des•di•cha•da] / unfortunate
adj. Que está en desgracia o tiene mala suerte. *ej.* Con su decisión, Javier se salvó de tener una vida desdichada y ahora es muy feliz.

desecho [de•se•cho] / **remainder**
s. Lo que queda después de que se han llevado lo mejor de algo. *ej.* El desecho de la comida del día se va al plato del perro.

Qué + significa
Apartir una idea, un temor o una sospecha. *ej.* Javier **desechó** el miedo a las alturas y se subió al avión.

desembuchar [de•sem•bu•char] / **blurt out**
v. Decir lo que se sabía y se tenía callado. *ej.* Comenzamos a desembuchar todos nuestros secretos. *sin.* confesar. *ant.* callar.

desenfrenado [de•sen•fre•na•do] / **uncontrolled**
adj. Cuando alguien muestra una conducta reprobable. *ej.* Juan está desenfrenado, no cumple con las normas. *sin.* desordenado. *ant.* correcto.

desenlace [de•sen•la•ce] / **outcome**
s. Final o conclusión de un relato. *ej.* En el desenlace de la película, los héroes fueron premiados. *sin.* final. *ant.* inicio.

desgano [des•ga•no] / **indifference**
s. No tener interés ni entusiasmo para hacer algo. *ej.* Cansados como estaban, los caballos avanzaron con desgano. *sin.* fastidio.

desgarrada [des•ga•rra•da] / **torn**
adj. y *s.* Que está rasgado o roto. *ej.* Su falda quedó desgarrada por las espinas del camino. *sin.* despedazada. *ant.* zurcida.

desgreñó [des•gre•ñó] / **rumpled**
v. desgreñar Que despeinó el cabello. *ej.* Con sus pequeñas y torpes manos, el bebé desgreñó la cabeza de su mamá.

desguarnecido [des•guar•ne•ci•do] / **leave unguarded**
v. desguarnecer Dejar un edificio sin protección. *ej.* El banco quedó desguarnecido sin los policías que debían cuidarlo.

deshidratada

deshidratada [des•hi•dra•ta•da] / **dehydrate**
v. deshidratar Quitarle a un cuerpo toda o parte del agua que está en él. *ej.* En el viaje al desierto me sentí deshidratada.

deshilachaba [des•hi•la•cha•ba] / **frayed**
v. deshilachar Sacar hilachas o deshacer una tela. *ej.* Penélope deshilachaba su cobija para después volverla a tejer.

deshonesta [des•ho•nes•ta] / **dishonest**
adj. Persona que no es honrada, que dice mentiras a los demás. *ej.* La vendedora deshonesta puede venderte un auto usado como si fuera nuevo. *sin.* descarada. *ant.* honesta.

desigual [de•si•gual] / **uneven**
adj. Aquello que es diferente a otros. *ej.* Las alas del quetzal tienen un tamaño desigual. *sin.* distinto. *ant.* igual.

desilusión [de•si•lu•sión] / **disappointment**
s. Cuando se pierde la ilusión y hay desengaño por algo. *ej.* Fue una desilusión saber que no quedé en el equipo. *sin.* decepción. *ant.* ilusión.

desistía [de•sis•tí•a] / **desist**
v. desistir No querer intentar hacer algo. *ej.* A punto de saltar la rampa, Mario desistía y frenaba su bicicleta. *sin.* renunciaba. *ant.* insistía.

desmenuzar [des•me•nu•zar] / **separate**
v. Dividir algo en partes muy pequeñas. *ej.* La abuela comenzó a desmenuzar las galletas sobre la sopa. *sin.* triturar. *ant.* reunir.

desmoronado [des•mo•ro•na•do] / crumble
v. desmoronar Deshacer algo sólido en partes pequeñas.
ej. El castillo de arena quedó desmoronado bajo mis pies.
sin. derribado. *ant.* construido.

desollar [de•so•llar] / skin
v. Quitar la piel del cuerpo de un animal. *ej.* Hubo que desollar al conejo antes de asarlo. *sin.* despellejar.

desorientados [de•so•rien•ta•dos] / disoriented
v. desorientar Personas que ignoran dónde se encuentran geográficamente. *ej.* La brújula es una herramienta útil para los desorientados. *sin.* extraviados. *ant.* orientados.

Personas que están confundidas. *ej.* Andamos **desorientados,** no sabemos qué marca de patineta debemos comprar.

despabiló [des•pa•bi•ló] / wake up
v. despabilar Hacer que alguien se despierte. *ej.* La luz del día me despabiló y pude levantarme a desayunar.

despavorido [des•pa•vo•ri•do] / terrified
adj. Que está lleno de pavor, que tiene mucho miedo. *ej.* El pobre creyó que yo era un fantasma y huyó despavorido.
sin. aterrado. *ant.* sereno.

despecho [des•pe•cho] / spite
s. Sentimiento de enojo a causa de un insulto. *ej.* No le envió su regalo a Carmen por puro despecho.
sin. resentimiento. *ant.* satisfacción.

despejados [des•pe•ja•dos] / clear
adj. Cuando los objetos o las situaciones no tienen obstáculos.
ej. Los caminos quedaron despejados gracias a los bomberos.

Dd

despellejaba [des•pe•lle•ja•ba] / skin
v. despellejar Quitar el pellejo. *ej.* Me exponía tanto al sol que mi piel se despellejaba. *sin.* escoriaba.

despensa [des•pen•sa] / pantry
s. Lugar donde se guardan los alimentos. *ej.* En la despensa están las mermeladas de la tía Ágata.

desperdigadas [des•per•di•ga•das] / scattered
v. desperdigar Cosas que quedan separadas. *ej.* Encontraron las semillas desperdigadas por el suelo. *sin.* diseminadas. *ant.* amontonadas.

despistarlo [des•pis•tar•lo] / throw off
v. despistar Distraer a alguien para que pierda la pista de algo. *ej.* ¿Viste?, Joaquín nos viene siguiendo, da vuelta a la derecha para despistarlo. *sin.* confundirlo.

desplazado [des•pla•za•do] / move
adj. Persona que se siente fuera del ambiente en que vive. *ej.* Rodrigo se sintió desplazado en su nueva escuela. *sin.* abandonado. *ant.* arribado.

desplegadas [des•ple•ga•das] / spread out
v. desplegar Extender lo que está doblado. *ej.* Las pancartas desplegadas mostraban una protesta tajante. *sin.* desenrrolladas. *ant.* plegadas.

desplomó [des•plo•mó] / collapse
v. desplomarse Cuando algo pierde su posición vertical. *ej.* La torre se desplomó con el sismo. *sin.* derrumbó. *ant.* enderezó.

desprecia [des•pre•cia] / despises
v. despreciar Tener poco aprecio o cariño por algo o alguien.
ej. Ella desprecia los objetos de plata. *sin.* menosprecia. *ant.* estima.

destacado [des•ta•ca•do] / outstanding
adj. Que sobresale entre varias cosas. *ej.* Su cuento fue destacado entre los demás por ser el más divertido. *sin.* distinguido. *ant.* menospreciado.

destellaba [des•te•lla•ba] / flash
v. destellar Que lanza resplandores de luz.
ej. La cola del cometa destellaba en plena noche.

desteñía [des•te•ñí•a] / discolor
v. desteñir Quitar el tinte a una tela o hacer que los colores queden pálidos. *ej.* Mi vestido rojo se desteñía e iba quedando color rosa.

destetada [des•te•ta•da] / wean
v. destetar Hacer que un niño o una cría deje de alimentarse con la leche de su madre. *ej.* La bebé simio fue destetada cuando cumplió tres meses.

destinada [des•ti•na•da] / destined
v. destinar Señalar una cosa para un fin. *ej.* La lámpara estaba destinada para la sala principal. *sin.* dedicada.

Nombrar a alguien para un empleo. *ej.* Raquel fue **destinada** para ser la presidenta del grupo.

destronado [des•tro•na•do] / overthrown
v. destronar Cuando un rey o reina deja la corona forzado por alguien más. *ej.* El zar fue destronado por sus enemigos. *sin.* derrocar. *ant.* coronar.

destrozado [des•tro•za•do] / smashed
adj. Que se rompió o se partió en trozos. *ej.* El juguete quedó destrozado en el parque. *sin.* destruido. *ant.* reparado.

desubicado [de•su•bi•ca•do] / **out of place**
   v. desubicar Que no se ubica, que no se siente bien en un lugar. *ej.* Al volver de su viaje, el pirata se sintió desubicado en su pequeña casa.

desvanecieron [des•va•ne•cie•ron] / **fade out**
   v. desvanecer Desaparecer poco a poco. *ej.* Las montañas se desvanecieron en el horizonte después de la puesta de sol. *sin.* disipararon. *ant.* aparecieron.

desvelo [des•ve•lo] / **sep awake**
   s. Cuando algo espanta el sueño. *ej.* La competencia era para ella motivo de desvelo y por eso dormía poco. *sin.* inquietud.

Descubrir lo que estaba oculto. *ej.* El **desvelo** de la tumba egipcia fue una gran sorpresa.

desventura [des•ven•tu•ra] / **misfortune**
   s. Cuando la suerte está en contra. *ej.* Fue una desventura que no encestaran los últimos puntos para ganar el juego.

desvió [des•vió] / **veered**
   v. desviar Apartarse de un camino o de una dirección. *ej.* Mónica se desvió de la carretera y está perdida.

detectar [de•tec•tar] / **detect**
   v. Descubrir lo que no se puede ver directamente. *ej.* Con la lupa pude detectar las huellas del ornitorrinco.

deteriorado [de•te•rio•ra•do] / **damaged**
   adj. Que una cosa está estropeada. *ej.* El autobús se veía bastante deteriorado.

determinación [de•ter•mi•na•ción] / determination
s. Cuando se tiene valor para realizar una acción. *ej.* Su determinación nos llevó a escalar hasta la cima del Monte Everest. *sin.* decisión. *ant.* indecisión.

detestables [de•tes•ta•bles] / repulsive
adj. Cuando algo no agrada porque es pésimo o aborrecible. *ej.* Los productos contaminantes son detestables. *sin.* abominables. *ant.* admirables.

detonación [de•to•na•ción] / detonate
v. detonar Iniciar una explosión. *ej.* La detonación abrió un hueco en la montaña. *sin.* estallido. *ant.* silencio.

devastada [de•vas•ta•da] / devastated
v. devastar Cuando un lugar queda destruido. *ej.* La playa quedó devastada después del paso del huracán. *sin.* arruinada. *ant.* construida.

devoción [de•vo•ción] / devotion
s. Tener una afición especial. *ej.* Ana se entrega con devoción al buceo. *sin.* fervor. *ant.* desprecio.

devora [de•vo•ra] / devour
v. devorar Tragar con mucha prisa. *ej.* Después de cinco días sin comer, el rinoceronte devora el alimento que encuentra en la pradera. *sin.* engulle.

devota [de•vo•ta] / devoted
adj. y s. Que siente respeto o admiración por una persona. *ej.* Ella es una devota de los músicos clásicos.

diabetes [dia•be•tes] / diabetes
s. Enfermedad en la que hay un exceso de azúcar en la sangre. *ej.* Ella no puede comer muchos dulces porque tiene diabetes.

D d

diáfana [diá•fa•na] / clear
adj. Que es clara y transparente. *ej.* Tiene una sonrisa diáfana como la de un bebé. *sin.* pura. *ant.* turbia.

dicho [di•cho] / saying
s. Frase popular que contiene una enseñanza. *ej.* "Si el río suena es porque agua lleva" es un dicho de mi abuela.

dictadas [dic•ta•das] / dictate
v. dictar Decir algo para que el otro lo escriba. *ej.* Las fórmulas fueron dictadas por el maestro. *sin.* pronunciadas. *ant.* calladas.

Ordenar acciones para que otros las cumplan. *ej.* Cumplió todas las órdenes **dictadas** por el director.

diestra [dies•tra] / right
adj. Lo que está al lado de la mano derecha. *ej.* A la diestra del rey está sentado el bufón. *sin.* derecha. *ant.* izquierda.

difunden [di•fun•den] / spread
v. difundir Que se extienden por el lugar. *ej.* Las cenizas del volcán se difunden por todo el valle. *sin.* esparcen. *ant.* contienen.

digerir [di•ge•rir] / digest
v. Reflexionar sobre una cosa para comprenderla. *ej.* Intento digerir este problema matemático. *sin.* asimilar. *ant.* meditar.

diligencias [di•li•gen•cias] / diligence
s. Tener cuidado al hacer algo. *ej.* Cargaron a la cría del koala con muchas diligencias. *sin.* esmero.

discutir **D d**

dinastía [di•nas•tí•a] / **dynasty**
s. Monarcas que forman parte de la misma familia.
ej. Este jarrón pertenece a una dinastía china.
sin. realeza, estirpe.

diorama [dio•ra•ma] / **diorama**
s. Lienzo de gran tamaño con figuras pintadas que se presenta en una sala oscura y usando juegos de luces dando la sensación de movimiento real.
ej. En el diorama se pueden ver juegos de luces.

discapacitados [dis•ca•pa•ci•ta•dos] / **disabled**
adj. y *s.* Personas que tienen una limitación física o mental.
ej. Algunos discapacitados se transportan en sillas de ruedas.

discontinuo [dis•con•ti•nuo] / **discontinuous**
adj. Que no tiene continuidad. *ej.* El radio transmitía un sonido discontinuo y no pude disfrutar la canción.

discordia [dis•cor•dia] / **discord**
s. Cuando las opiniones son opuestas. *ej.* La discordia se soluciona hablando y teniendo paciencia. *sin.* desacuerdo. *ant.* concordia.

discurría [dis•cu•rrí•a] / **wandered**
v. discurrir Pensar, reflexionar sobre algo. *ej.* La plática discurría sobre el problema del hambre en el mundo.
sin. razonaba. *ant.* embrollaba.

Qué + significa
Cuando el tiempo pasa. *ej.* La hora **discurría** con lentitud sorprendente.

discurso [dis•cur•so] / **speech**
s. Exposición oral ante un público. *ej.* El discurso de Mandela fue acerca de la libertad de expresión. *sin.* alocución. *ant.* mutismo.

discutir [dis•cu•tir] / **argue**
v. Cuando una persona da opiniones opuestas a las de otra persona. *ej.* Ya no te pones a discutir con la abuela, ¿o sí?
sin. contradecir. *ant.* coincidir.

D d

disentí

disentí [di•sen•tí] / disagreed
v. disentir No estar de acuerdo con el otro. *ej.* Yo disentí con la opinión del maestro acerca de qué es el respeto. *sin.* discrepé. *ant.* coincidí.

disimuladamente [di•si•mu•la•da•men•te] / cleverly
adv. Que hace algo en forma oculta para que no se vea.
ej. Disimuladamente guardé la carta en mi bolsillo. *sin.* fingir. *ant.* criticar.

disipó [di•si•pó] / drive away
v. disipar Hacer desaparecer algo. *ej.* La lectura disipó mis dudas. *sin.* aclaró. *ant.* mostró.

disparatadas [dis•pa•ra•ta•das] / absurd
adj. Cosas que no tienen lógica.
ej. En el ensayo, las bailarinas comenzaron a bailar disparatadas. *sin.* equivocadas. *ant.* atinadas.

displicencia [dis•pli•cen•cia] / condescension
s. Cuando alguien expresa o demuestra que algo no le interesa.
ej. Acompañó a su hermana a la fiesta con displicencia y se aburrió toda la noche. *sin.* indiferencia. *ant.* agrado.

dispositivo [dis•po•si•ti•vo] / device
s. Pieza que forma parte de un aparato.
ej. Con este dispositivo tu cohete podrá volar por el aire.

disputas [dis•pu•tas] / arguments
s. Cuando las personas discuten por un asunto. *ej.* Las disputas de los vecinos son muy frecuentes. *sin.* altercados. *ant.* concordia.

distinciones [dis•tin•cio•nes] / distinctions
s. Premio o privilegio que se da a alguien. *ej.* La reina dio tres distinciones para los héroes que le salvaron la vida.
sin. condecoraciones

diurna [diur•na] / daytime
adj. Que una actividad se hace durante el día. *ej.* Ana salió a dar su caminata diurna como lo hace todos los días. *ant.* nocturna.

divisar [di•vi•sar] / make out
v. Ver un objeto a la distancia. *ej.* Alcancé a divisar el barco en el horizonte.
sin. distinguir, vislumbrar.

divulgar [di•vul•gar] / disclose
v. Mostrar al público una cosa. *ej.* Decidí divulgar la noticia de que mi pueblo tiene unas playas hermosas. *sin.* difundir. *ant.* callar.

doblegue [do•ble•gue] / fold
v. **doblegar** Doblar o torcer algo de modo que quede encornado. *ej.* Espero que el viento no doblegue las palmeras de la bahía. *sin.* flexione.
ant. enderece.

Obligar a alguien a obedecer una orden. *ej.* Espero que el capitán **doblegue** a los marineros y todo vuelva a la normalidad.

dolorido [do•lo•ri•do] / sore
adj. Que tiene un dolor en alguna parte del cuerpo. *ej.* Al terminar su trabajo, Amelia tenía un brazo dolorido. *sin.* lastimado.

domar [do•mar] / tame
v. Amansar y hacer dócil a un animal. *ej.* Don José sabe que con paciencia pude llegar a domar al león. *sin.* domesticar.
ant. enfurecer.

D d

domesticación

domesticación [do•mes•ti•ca•ción] / domesticate
v. domesticar Acostumbrar al animal salvaje a que viva entre las personas. *ej.* Es importante la domesticación de los caballos para poder cabalgarlos.

donaciones [do•na•cio•nes] / donations
s. Lo que se da voluntariamente. *ej.* Comida y ropa fueron las donaciones de las mujeres a los pobres.

dormita [dor•mi•ta] / doze
v. dormitar Estar medio dormido. *ej.* A medio día, el tigre dormita en el árbol.

dorsal [dor•sal] / spine
adj. Que forma parte del lomo. *ej.* El pez agitó su aleta dorsal y desapareció en las profundidades.

dote [do•te] / dowry
s. Riquezas que da la mujer al casarse o al entrar a un convento. *ej.* Para casarse, la dama dio como dote un cofre lleno de joyas. *sin.* patrimonio.

drásticamente [drás•ti•ca•men•te] / drastically
adv. Cuando se hace algo de modo enérgico y con rapidez. *ej.* Drásticamente, mis padres decidieron dejar todo y salir de vacaciones el día de hoy. *sin.* repentinamente.

drenar [dre•nar] / drain
v. Dejar salir el agua u otros líquidos. *ej.* Hubo que drenar el campo inundado para que las flores no se ahogaran.

driblando [dri•blan•do] / dribbling
v. driblar Esquivar al jugador contrario y avanzar con el balón. *ej.* El jugador se libró de tres defensas driblando hacia la canasta.

E e

ebullición [e•bu•lli•ción] / boiling
s. Punto en el que un líquido hierve. *ej.* Añada el condimento cuando la sopa esté en ebullición. *sin.* hervor.

ecologistas [e•co•lo•gis•tas] / ecologists
adj. y *s.* Personas que estudian o defienden y protegen a los seres vivos y su relación con el medio ambiente. *ej.* Este invierno los ecologistas protegieron a los alces.

económicamente [e•co•nó•mi•ca•men•te] / economically
adv. Que es adecuado a la situación económica de una persona. *ej.* El viaje nos conviene económicamente.

eficiente [e•fi•cien•te] / efficient
adj. Que tiene capacidad para realizar bien una actividad. *ej.* Mario es muy eficiente para usar la computadora. *sin.* apto. *ant.* ineficiente.

egoístas [e•go•ís•tas] / selfish
adj. Que sólo actúan para lograr sus propios intereses. *ej.* Los compañeros egoístas no tomaron en cuenta nuestras necesidades. *sin.* ególatras. *ant.* altruistas.

ejecutar [e•je•cu•tar] / carry out
v. Hacer algo por encargo o por mandato. *ej.* Luis tuvo que ejecutar la orden de limpiar la cochera. *sin.* efectuar. *ant.* incumplir.

Qué + significa
Tocar una pieza musical. *ej.* Practiqué bastante para ejecutar mi canción preferida en el piano.

ejemplar [e•jem•plar] / exemplary
adj. Cuando una acción sirve de ejemplo. *ej.* Diana tuvo una actuación ejemplar, todos deberíamos esforzarnos como ella. *sin.* modelo. *ant.* reprochable.

E e

ejerce

ejerce [e•jer•ce] / practices
v. ejercer Practicar una profesión. *ej.* Mi padre ejerce como arquitecto. *sin.* trabaja. *ant.* jubiló.

ejidatarios [e•ji•da•ta•rios] / homesteaders
s. Personas que trabajan en un campo comunitario o ejido. *ej.* Los ejidatarios sembraron trigo esta temporada.

elección [e•lec•ción] / choice
s. Momento en que se elige algo. *ej.* Mi elección se inclinó por el pantalón gris.

Votación para elegir a uno de los candidatos. *ej.* Pedro ganó la **elección** para ser representante escolar.

electrizante [e•lec•tri•zan•te] / electrifying
adj. Aquello que entusiasma y levanta el ánimo. *ej.* Su presencia tuvo un efecto electrizante y comenzamos a gritar de emoción. *sin.* apasionante. *ant.* deprimente.

elegancia [e•le•gan•cia] / elegance
s. Que tiene distinción, es sencillo y de buen gusto. *ej.* El caballero luce su sombrero con elegancia. *sin.* refinamiento. *ant.* desgarbo.

emana [e•ma•na] / emanate
v. emanar Lo que sale o procede de otra cosa. *ej.* Me despierto con el suave aroma que emana de la cocina de la abuela. *sin.* proviene. *ant.* retiene.

emancipación [e•man•ci•pa•ción] / emancipation
s. Liberarse de la dependencia de otras personas. *ej.* La emancipación de las mujeres comenzó en el siglo XIX. *sin.* liberación. *ant.* sometimiento.

embriagados   E e

embadurnados [em•ba•dur•na•dos] / smear
v. embadurnar Untar algo con una sustancia cremosa.
ej. Dejamos los panes embadurnados de mantequilla de maní.

embalaje [em•ba•la•je] / package
s. Caja o papel que sirve para empaquetar objetos que se van a transportar. *ej.* El muchacho cargó el embalaje hasta el tren.

embaucar [em•bau•car] / swindle
v. Engañar a alguien aprovechándose de su ingenuidad o falta de experiencia. *ej.* El vendedor de computadoras me quiso embaucar para que comprara juegos que no son divertidos. *sin.* deslumbrar. *ant.* desenmascarar.

emblema [em•ble•ma] / emblem
s. Objeto que simboliza algo. *ej.* Las espadas cruzadas son el emblema de estos caballeros. *sin.* insignia, distintivo.

embonan [em•bo•nan] / fit
v. embonar Que dos o más cosas quedan empalmadas o unidas. *ej.* El tornillo y la tuerca embonan con precisión.

embravecido [em•bra•ve•ci•do] / enraged
adj. Que se siente irritado, lleno de furia. *ej.* Julián estaba embravecido cuando falló el penalti en el partido de futbol. *sin.* colérico. *ant.* calmado.

embriagados [em•bria•ga•dos] / intoxicated
v. embriagar Turbación del estado de ánimo debido a un suceso agradable. *ej.* Quedamos embriagados ante el espectáculo de luces y sombras.

E e

embudo

embudo [em•bu•do] / funnel
s. Utensilio en forma de cono que sirve para pasar líquidos. *ej.* Con el embudo hicimos adornos de flores para el pastel.

embustera [em•bus•te•ra] / liar
adj. Persona que dice mentiras. *ej.* Supe que era una embustera cuando la vi sonrojarse. *sin.* farsante. *ant.* honesta.

emerger [e•mer•ger] / emerge
v. Salir del agua o de otro líquido. *ej.* El submarino comenzó a emerger del fondo del océano. *sin.* surgir. *ant.* sumergir.

emigrar [e•mi•grar] / emigrate
v. Mudarse a otro país o región en busca de mejores condiciones de vida. *ej.* El ganso se dispuso a emigrar hacia tierras más cálidas. *sin.* migrar.

emisión [e•mi•sión] / emission
s. Acción de echar afuera una cosa. *ej.* La emisión de humo del volcán nos puso en alerta. *sin.* expulsión. *ant.* retención.

empelota [em•pe•lo•ta] / tangles up
v. empelotarse Formar parte de un pleito o riña. *ej.* La multitud se empelota por conseguir un autógrafo de su ídolo.

empeño [em•pe•ño] / insistence
s. Esforzarse para conseguir algo. *ej.* Manuela puso mucho empeño para ser admitida en el equipo de atletismo. *sin.* tesón. *ant.* desinterés.

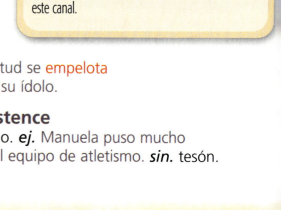

Qué + significa

La programación del radio o televisión. *ej.* La emisión especial comenzará esta noche por este canal.

encabezaron

E e

empeoraron [em•peo•ra•ron] / make worse
v. empeorar Volver algo peor de como estaba. *ej.* Sus días empeoraron cuando lo castigaron sin salir a jugar con sus amigos. *sin.* agravaron. *ant.* mejoraron.

empinada [em•pi•na•da] / steep
adj. Que está muy alta. Una pendiente muy pronunciada. *ej.* Javier detuvo a tiempo la bicicleta para no caer por la calle empinada. *sin.* inclinada. *ant.* nivelada.

emporio [em•po•rio] / emporium
s. Lugar donde florece el comercio, la industria o las artes. *ej.* Silicon Valley es el emporio de las computadoras.

empresario [em•pre•sa•rio] / businessman
s. Persona que dirige o posee una empresa. *ej.* Mi hermano es un empresario del ramo de la construcción.

empuñando [em•pu•ñan•do] / grasp
v. empuñar Coger una cosa con el puño. *ej.* El joven se enfrentó al oso empuñando su bate de beisbol. *sin.* sujetando. *ant.* soltando.

enardecida [e•nar•de•ci•da] / inflamed
v. enardecer Cuando se siente una fuerte pasión o enojo. *ej.* La fiera enardecida atacó a sus enemigos. *sin.* irritada. *ant.* calmada.

encabezaron [en•ca•be•za•ron] / headed
v. encabezar Ir en primer lugar. *ej.* Los niños más aplicados encabezaron el desfile. *sin.* comenzaron. *ant.* finalizaron.

E e

encabuyada [en•ca•bu•ya•da] / covered
v. encabullar Forrar alguna cosa con una pita o fibra. *ej.* Es más fácil si cargas la madera encabuyada en vez de traerla suelta.

encaminas [en•ca•mi•nas] / direct
v. encaminar Enseñar el camino. *ej.* Al salir del estadio, lo encaminas hacia su casa. *sin.* guías. *ant.* desvías.

encapotaba [en•ca•po•ta•ba] / clouded over
v. encapotar Cuando el cielo se cubre de nubes. *ej.* Pude ver cómo se encapotaba el cielo y así anticipé la tormenta.

encaraman [en•ca•ra•man] / climbed up
v. encaramar Subir algo en un lugar alto. *ej.* Los ratones se encaraman en la caja para ver por el orificio. *sin.* trepan. *ant.* bajan.

encauzaron [en•cau•za•ron] / channeled
v. encauzar Dirigir por buen camino una cosa. *ej.* Los amigos de Beto se encauzaron por el camino del bien. *sin.* encaminaron. *ant.* desviaron.

enchocolatadas [en•cho•co•la•ta•das] / covered with chocolate
adj. Que están cubiertas de chocolate. *ej.* Las galletas enchocolatadas se preparan con chocolate amargo.

encogió [en•co•gió] / contracted
v. encoger Cuando una persona dobla o pliega una parte de su cuerpo. *ej.* Por respuesta, Daniel le dio una mordida a su hamburguesa y se encogió de hombros.

encorvado [en•cor•va•do] / bend
v. encorvar Hacer que algo se vuelva curvo. *ej.* El tronco de aquel árbol quedó encorvado por tanto aire.

enfermizo

E e

encrespada [en•cres•pa•da] / curl
v. encrespar Erizar el cabello por el miedo. *ej.* Quedé con la cabellera encrespada al escuchar el relato de terror. *sin.* crispada. *ant.* alisada.

Qué + significa
Que tiene un sentimiento de furia e irritación. *ej.* Me sentí **encrespada** con tanto ruido y mejor me fui de la fiesta.

encuesta [en•cues•ta] / survey
s. Preguntas que se hacen a un grupo de personas para obtener datos o saber su opinión sobre un asunto. *ej.* Realizamos una encuesta para saber cuál es el deporte preferido por los niños.

encumbrar [en•cum•brar] / raise
v. Engrandecer o alabar a alguien. *ej.* Nuestro club quiso encumbrar al mejor deportista del país. *sin.* ensalzar. *ant.* humillar.

enérgico [e•nér•gi•co] / energetic
adj. Que tiene energía. *ej.* El policía expresó un "No" enérgico y todos nos quedamos callados. *sin.* vigoroso. *ant.* débil.

enfadada [en•fa•da•da] / angry
adj. Que se siente molesta por algo. *ej.* Enfadada, me senté en la banca a pensar cómo mejorar mi tiempo en la siguiente competencia de natación. *sin.* disgustada. *ant.* serena.

enfáticamente [en•fá•ti•ca•men•te] / emphatically
adv. Que se expresa con fuerza para resaltar la importancia de lo que se dice. *ej.* Enfáticamente le dijo que su mayor deseo era ser astronauta. *sin.* solemnemente. *ant.* sencillamente.

enfermizo [en•fer•mi•zo] / sickly
adj. Que se enferma con bastante frecuencia. *ej.* Enrique es un niño enfermizo, tiene una salud débil. *sin.* achacoso. *ant.* sano.

E e

enfocarse

enfocarse [en•fo•car•se] / focus
v. enfocar Dirigir la atención o la vista en un punto. *ej.* Julieta pudo enfocarse en los detalles del retrato. *sin.* orientarse. *ant.* desviarse.

enfrascado [en•fras•ca•do] / deeply involved
adj. Que está concentrado en una actividad. *ej.* El científico estaba enfrascado en su experimento. *sin.* abstraído. *ant.* distraído.

enfurecido [en•fu•re•ci•do] / enraged
v. enfurecer Cuando alguien se siente irritado o enojado. *ej.* Y azotó la puerta enfurecido por no saber jugar ajedrez. *sin.* encolerizado. *ant.* apaciguado.

enganchada [en•gan•cha•da] / hook
v. enganchar Quedar prendida de un gancho. *ej.* La capa quedó enganchada en la puerta.

engreído [en•gre•í•do] / conceited
adj. Persona que se tiene en gran estima. *ej.* Luego de ganar el premio, Agustín se volvió un engreído. *sin.* presumido. *ant.* humilde.

engullendo [en•gu•llen•do] / gobbling up
v. engullir Tragar de prisa y sin masticar. *ej.* El robot se activó engullendo tres latas de metal. *sin.* devorar.

enigmas [e•nig•mas] / enigmas
s. Palabras con un sentido oculto y difíciles de entender. *ej.* Quiero descifrar los enigmas de las pirámides.

enjambre [en•jam•bre] / swarm
s. Conjunto numeroso de animales, cosas o personas. *ej.* En el centro de la ciudad había un enjambre de vendedores. *sin.* multitud. *ant.* escasez.

enmarañadas [en•ma•ra•ña•das] / tangled
v. enmarañar Cuando algo se encuentra completamente revuelto. *ej.* El viento les dejó las cabezas enmarañadas. *sin.* enredadas. *ant.* desenredadas.

enmienda [en•mien•da] / amendment
s. Modificación que se hace a una ley. *ej.* El Congreso votó por una enmienda a la Constitución. *sin.* reforma.

enmudecer [en•mu•de•cer] / fall silent
v. Quedar mudo o callado por el miedo o la sorpresa. *ej.* Comencé a enmudecer cuando llegamos a la entrada misteriosa.

enorgullece [e•nor•gu•lle•ce] / proud
v. enorgullecer Llenar de orgullo o satisfacción personal. *ej.* Mi madre se enorgullece de las calificaciones de mi hermana. *sin.* presume. *ant.* mortifica.

ensabanaba [en•sa•ba•na•ba] / covered
v. ensabanar Tapar o envolver con sábanas. *ej.* Juan ensabanaba al cachorro para protegerlo del frío.

ensambladas [en•sam•bla•das] / assembled
v. ensamblar Unir varias piezas que encajan entre sí. *ej.* Al final, todas las piezas del cohete quedaron ensambladas. *ant.* desencajadas.

ensimismada [en•si•mis•ma•da] / lost in one's thoughts
adj. Que está concentrada en sus pensamientos. *ej.* Caminé por la calle ensimismada en mis planes. *sin.* absorta. *ant.* despreocupada.

E e

ensombrecerse

ensombrecerse [en•som•bre•cer•se] / darkened
v. ensombrecer Oscurecer o que se cubre de sombras. *ej.* El día comenzó a ensombrecerse con la gran nube que anunciaba lluvia. *sin.* opacarse. *ant.* aclararse.

ensoñación [en•so•ña•ción] / dream
s. Cuando alguien está soñando despierto o tiene ilusiones sobre algo. *ej.* En mi ensoñación me vi ganando la medalla olímpica.

entablar [en•ta•blar] / begin
v. Comenzar una conversación, amistad o lucha. *ej.* Los jóvenes decidieron entablar una charla con la nueva integrante del grupo. *sin.* iniciar. *ant.* acabar.

entablilló [en•ta•bli•lló] / splint
v. entablillar Sostener con tablillas y vendajes un hueso roto. *ej.* El doctor entablilló mi pierna fracturada.

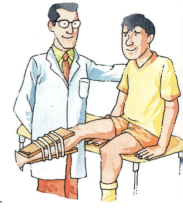

enternecido [en•ter•ne•ci•do] / touched
v. enternecer Que mueve a ternura o compasión. *ej.* Manuel quedó enternecido ante el tamaño del cachorro. *sin.* conmovido. *ant.* insensibilizado.

entidades [en•ti•da•des] / organizations
s. Grupo de personas unidas para realizar una actividad y que se rige por leyes. *ej.* Mi papá es miembro de dos entidades: la deportiva y la municipal. *sin.* agrupaciones.

entomofóbicos [en•to•mo•fó•bi•cos] / entomophobe
s. Personas que tienen fobia o rechazo a los insectos. *ej.* Los entomofóbicos odian a las mariposas aunque sean hermosas.

entomología [en•to•mo•lo•gí•a] / **entomology**
   s. Ciencia que se dedica al estudio de los insectos. *ej.* Gracias a la entomología conocemos cómo viven las abejas.

entorno [en•tor•no] / **environment**
   s. El ambiente o lo que rodea a alguien o algo. *ej.* Quiero vivir en un entorno tranquilo y seguro.

entrecejo [en•tre•ce•jo] / **frown**
   s. Espacio que hay entre las cejas. *ej.* El señor Lizardi frunció el entrecejo cuando el sol le iluminó la cara.

entrenamiento [en•tre•na•mien•to] / **training**
   s. Capacitación que se da para realizar alguna actividad. *ej.* El maestro nos dio un entrenamiento para saber qué hacer en caso de un sismo. *sin.* preparación.

entretejen [en•tre•te•jen] / **interweave**
   v. entretejer Intercalar, enlazar una cosa con otra. *ej.* Los hilos de seda se entretejen para formar el diseño del suéter.

entumecido [en•tu•me•ci•do] / **numb**
   v. entumecer Cuando un miembro del cuerpo queda rígido. *ej.* Mi pie quedó entumecido por no moverlo mucho. *sin.* engarrotado. *ant.* desentumecido.

entusiasta [en•tu•sias•ta] / **enthusiastic**
   adj. Que está emocionada por algo que le causa admiración. *ej.* Entusiasta, Águeda comenzó a abrir su regalo. *sin.* animosa. *ant.* indiferente.

envergadura [en•ver•ga•du•ra] / **importance**
   s. Que tiene importancia y prestigio. *ej.* En un programa de TV trataron un tema de gran envergadura relacionado con la educación.

E e

equidistante

equidistante [e•qui•dis•tan•te] / equidistant
adj. Cuando las cosas se hallan a la misma distancia unas de otras. *ej.* Los ángulos del triángulo son equidistantes.

erguida [er•gui•da] / erect
v. erguir Que una cosa está levantada y derecha. *ej.* El perro caminó con su cola erguida. *sin.* enderezada. *ant.* agachada.

errando [e•rran•do] / missing
v. errar Equivocarse, no acertar en algo. *ej.* Lanzó la pelota errando la canasta una vez más. *sin.* fallando. *ant.* acertando.

Vagar de una parte a otra. *ej.* Pasó la tarde **errando** por toda la ciudad.

errores [e•rro•res] / mistakes
s. Cuando se hace algo equivocado. *ej.* Al llegar a este país, cometí muchos errores al hablar en inglés. *sin.* desaciertos. *ant.* aciertos.

eruditos [e•ru•di•tos] / scholars
s. Personas que tienen un conocimiento profundo sobre las artes y ciencias. *ej.* Dos de mis maestros son eruditos en historia universal. *sin.* especialistas. *ant.* inexpertos.

esbelto [es•bel•to] / slender
adj. Que es delgado y alto. *ej.* Haz mucho ejercicio para que te mantengas esbelto. *sin.* grácil. *ant.* desgarbado.

escabullirse [es•ca•bu•llir•se] / slip away
v. Salir de un lugar sin que los demás se den cuenta. *ej.* Samuel, la estrella del equipo de beisbol, logró escabullirse de la multitud que lo aclamaba. *sin.* escaparse. *ant.* aparecer.

escala [es•ca•la] / scale
s. Las divisiones de un instrumento de medida. *ej.* El termómetro está en escala Celsius.

escamado [es•ca•ma•do] / frightened
adj. Cuando alguien siente desconfianza de hacer algo. *ej.* Luego de fracturarme un brazo, quedé escamado de jugar futbol americano. *sin.* temeroso. *ant.* confiado.

> **Qué + significa**
> El tamaño o la proporción en que se desarrolla una idea o un plano. *ej.* Hicimos una maqueta a **escala** del sistema solar.

escandalosamente [es•can•da•lo•sa•men•te] / noisily
adv. De modo alborotado, con mucho ruido. *ej.* Las amigas se saludaron escandalosamente. *sin.* a gritos. *ant.* tranquilamente.

escardando [es•car•dan•do] / weeding
v. escardar Sacar la hierba mala de los sembrados. *ej.* Estaban escardando el patio de la casa para que quedara limpio.

escarlatina [es•car•la•ti•na] / scarlet fever
s. Enfermedad que produce erupciones rojas en la piel. *ej.* La escarlatina es muy peligrosa en los niños pequeños.

escarpada [es•car•pa•da] / steep
adj. Camino que tiene una gran pendiente. *ej.* El coyote subió por la ruta escarpada y se agotó.

escasez [es•ca•sez] / scarcity
s. Situación en que falta lo necesario para sobrevivir. *ej.* La escasez de trabajo lo llevó a mudarse de pueblo. *sin.* falta. *ant.* abundancia.

escatimar

escatimar [es•ca•ti•mar] / skimp
v. Usar algo lo menos posible. *ej.* El tío no quiso escatimar en gastos al comprar el videojuego. *sin.* racionar. *ant.* prodigar.

escena [es•ce•na] / scene
s. Partes en que se divide una película u obra de teatro. *ej.* En una escena, salía un mago realizando un acto de magia.

escepticismo [es•cep•ti•cis•mo] / skepticism
s. Duda acerca de lo que está probado que es verdad. *ej.* Su escepticismo lo ayudó a ser el primero en resolver el misterio. *sin.* incredulidad. *ant.* optimismo.

esclavos [es•cla•vos] / slaves
s. Personas que no tienen libertad. *ej.* Los prisioneros fueron convertidos en esclavos.

esclerosis [es•cle•ro•sis] / sclerosis
s. Enfermedad del tejido fibroso que provoca movimientos torpes en quien la padece. *ej.* La esclerosis le provoca temblores en las manos.

escocía [es•co•cí•a] / sting
v. escocer Sentir que pica la piel como si fuera una quemadura. *ej.* Al cruzar el campo, la hierba mala me escocía los brazos.

escoltado [es•col•ta•do] / escort
v. escoltar Acompañar o proteger a una persona o cosa. *ej.* El artista fue escoltado por un guardia.

esfumó

E e

escombros [es•com•bros] / rubbish
s. Desechos de una obra o mina. *ej.* Entre los escombros encontramos una veta de oro. *sin.* despojos.

escondrijo [es•con•dri•jo] / hiding place
s. Rincón oculto para esconder algo. *ej.* Coloqué la joya en un escondrijo para que quedara a salvo.

escorar [es•co•rar] / lean
v. Cuando un buque se inclina de lado. *ej.* Por el peso excesivo de la carga que transportaba, el barco comenzó a escorar. *sin.* ladear. *ant.* enderezar.

escuálido [es•cuá•li•do] / skinny
adj. Cuando una persona o animal está flaco. *ej.* El perro estaba escuálido por comer tan poco. *sin.* enclenque. *ant.* rollizo.

escudriñábamos [es•cu•dri•ñá•ba•mos] / scrutinized
v. escudriñar Mirar algo con mucha atención para tratar de descubrir algo en él. *ej.* Desde el faro, escudriñábamos el horizonte para ver al barco. *sin.* observábamos.

esculpido [es•cul•pi•do] / sculpt
v. esculpir Hacer esculturas labradas en piedra. *ej.* Mi primo Miguel ha esculpido obras muy famosas. *sin.* tallado.

esfuerzo [es•fuer•zo] / effort
s. Poner muchas energías para conseguir algo. *ej.* Rebeca hizo un gran esfuerzo para llegar a la cima de la montaña. *sin.* empeño. *ant.* desaliento.

E e

eslogan

esfumó [es•fu•mó] / disappeared
   v. esfumarse Desaparecer de un lugar con rapidez. *ej.* Con el relámpago, la gente se esfumó del parque. *sin.* disipó. *ant.* apareció.

Rebajar los trazos de una pintura. *ej.* La pintora **esfumó** el paisaje con una esponja.

eslogan [es•lo•gan] / slogan
   s. Frase que se usa para hacer publicidad. *ej.* Ese eslogan es muy alegre y no lo olvidarán.

esmalte [es•mal•te] / enamel
   s. Barniz que se aplica a la porcelana, loza o metales para darles brillo o color. *ej.* El artista barnizó la pieza con un esmalte transparente.

espadaña [es•pa•da•ña] / belfry
   s. Lugar donde se colocan las campanas de un campanario. *ej.* En la espadaña faltaba una campana.

especialista [es•pe•cia•lis•ta] / specialist
   s. Que se dedica a una rama de las artes o la ciencia. *ej.* Mi prima es especialista en letras inglesas.

especias [es•pe•cias] / spices
   s. Sustancias aromáticas para sazonar la comida. *ej.* Sazonamos la pizza con varias especias como el orégano y la pimienta.

espectral [es•pec•tral] / eerie
   adj. Ambiente de figuras irreales que causan terror. *ej.* La vieja casona estaba cubierta por una espectral capa de niebla. *sin.* fantasmagórica.

especulativas [es•pe•cu•la•ti•vas] / speculative
   adj. Que reflexionan acerca de un objeto. *ej.* Las opiniones de los científicos son especulativas. *sin.* teóricas, racionales. *ant.* prácticas.

esquiva E e

espesura [es•pe•su•ra] / **thickness**
   s. Vegetación espesa o densa. *ej.* El venado avanzó entre la espesura del bosque.
   sin. fronda, follaje. *ant.* desierto.

espigada [es•pi•ga•da] / **slender**
   adj. Se dice de una persona delgada en forma de espiga. *ej.* La señora Susana, frágil y espigada, camina con elegancia.
   sin. esbelta.

espinazo [es•pi•na•zo] / **spine**
   s. Columna vertebral. *ej.* A mi abuelo le duele el espinazo por sentarse con una mala postura.

espinillas [es•pi•ni•llas] / **shins**
   s. Parte anterior de la canilla de la pierna. *ej.* Los futbolistas deben protegerse las espinillas de las patadas accidentales.

espiral [es•pi•ral] / **spiral**
   s. Línea curva que gira alrededor de un punto y se aleja de él. *ej.* El resorte tiene forma de espiral.

espiró [es•pi•ró•] / **exhaled**
   v. espirar Cuando un cuerpo arroja un olor particular. *ej.* La flor espiró un suave perfume en la noche estrellada.
   sin. emanó. *ant.* absorbió.

Qué + significa
Expulsar el aire de las vías respiratorias. *ej.* Al entrar a la casa, Samuel **espiró** cansado.

espirituales [es•pi•ri•tua•les] / **spiritual**
   adj. Que tiene más relación con los sentimientos o la razón que con las cosas materiales. *ej.* Hoy hablaremos de temas espirituales.

esquiva [es•qui•va] / **avoid**
   v. esquivar Conseguir con habilidad no encontrarse con alguien o evitar una situación. *ej.* La nueva vecina me esquiva cada vez que nos encontramos en la calle. *sin.* evade. *ant.* confronta.

E e

estabilidad

estabilidad [es•ta•bi•li•dad] / stability
s. Que se mantiene en su lugar, que no se mueve. *ej.* Este edificio tiene una estabilidad capaz de resistir sismos. *sin.* equilibrio. *ant.* inestabilidad.

estacas [es•ta•cas] / stakes
s. Palo scon punta en un extremo para clavarlo. *ej.* Clavaron tres estacas de colores en la cima de la montaña.

estadista [es•ta•dis•ta] / statesman
s. Persona experta en política que tiene un alto cargo en el gobierno.
ej. El vicepresidente de mi país es un estadista.

estadísticas [es•ta•dís•ti•cas] / statistics
s. Cálculo de probabilidades por medio de los números.
ej. Las estadísticas dicen que mi caballo será el ganador.

estampido [es•tam•pi•do] / bang
s. Un ruido que es fuerte y seco.
ej. El estampido provocado por el rayo asustó al perro que se refugió bajo la cama.

estandarizado [es•tan•da•ri•za•do] / standardized
adj. Que sirve como modelo o patrón. *ej.* El Ford se volvió un tipo estandarizado de automóvil.

estantería [es•tan•te•rí•a] / shelves
s. Conjunto de estantes o tablas de un mueble para poner cosas encima. *ej.* Coloqué todos los libros en la estantería.

estentórea [es•ten•tó•re•a] / **thundering**
   adj. Voz o sonido muy potente. *ej.* Con voz estentórea el entrenador gritó: "Ánimo muchachos".

estereotipos [es•te•reo•ti•pos] / **stereotypes**
   s. Modelo fijo de cualidades. *ej.* El villano malvado y la dama bondadosa son algunos de los estereotipos de los cuentos.

esterilizados [es•te•ri•li•za•dos] / **sterilized**
   v. esterilizar Destruir los microbios que pueden causar una enfermedad. *ej.* Los instrumentos del dentista quedaron limpios y esterilizados.

estetoscopio [es•te•tos•co•pio] / **stethoscope**
   s. Instrumento para escuchar los sonidos del cuerpo. *ej.* El médico revisa mis pulmones con el estetoscopio.

estigma [es•tig•ma] / **stigma**
   s. Marca o señal en el cuerpo. *ej.* La cicatriz en el cuello sería el estigma que lo identificaría.

Qué + significa

Parte superior del pistilo de una flor. *ej.* El insecto depositó el polen en el **estigma** de la flor.

estipulemos [es•ti•pu•le•mos] / **stipulate**
   v. estipular Ponerse de acuerdo en las condiciones de un trato. *ej.* Quiero que estipulemos las reglas para nuestro club de lectura. *sin.* establezcamos. *ant.* cancelemos.

estragos [es•tra•gos] / **damage**
   s. Daño material o moral. *ej.* Este huracán no causó estragos en la bahía.

E e

estrambótica

estrambótica [es•tram•bó•ti•ca] / **outlandish**
adj. Persona o cosa que es extravagante o extraña. *ej.* A la hora de la cena, la muchacha apareció con una falda estrambótica de colores brillantes. *sin.* estrafalaria. *ant.* sencilla.

estratosférica [es•tra•tos•fé•ri•ca] / **stratosphere**
adj. Que alcanzó una gran altura. *ej.* El papalote alcanzó una altura estratosférica y lo perdimos de vista.

estremecerse [es•tre•me•cer•se] / **shake**
v. Cuando algo o alguien tiembla por un movimiento rápido. *ej.* Con la excavación, la mina empezó a estremecerse.

estrépito [es•tré•pi•to] / **racket**
s. Cuando se produce gran ruido o alboroto. *ej.* Las muchachas entraron al salón de clases con gran estrépito. *sin.* bullicio. *ant.* silencio.

estribaciones [es•tri•ba•cio•nes] / **spur**
s. Partes laterales de una cordillera. *ej.* Sonia vive en las estribaciones de la montaña.

estridente [es•tri•den•te] / **shrill**
adj. Sonido que es agudo y chirriante. *ej.* El tren se detuvo en el anden con un sonido estridente. *sin.* estruendoso. *ant.* cadencioso.

estropear [es•tro•pear] / **spoil**
v. Cuando se maltrata tanto una cosa, quedando inservible. *ej.* El gato acabó de estropear el baúl con sus uñas. *sin.* dañar. *ant.* reparar.

estruendo [es•truen•do] / **roar**
s. Un ruido muy grande. *ej.* Un rayo cayó con gran estruendo.

estrujado [es•tru•ja•do] / **crushed**
v. estrujar Apretar algo con mucha fuerza.
ej. Quedé estrujado con el abrazo de mi tía Jacinta. *sin.* oprimido.

estupefactos [es•tu•pe•fac•tos] / **astounded**
adj. Quedarse pasmados. *ej.* Los niños quedaron estupefactos con el nuevo videojuego. *sin.* maravillados.
ant. impasibles.

estupor [es•tu•por] / **amazement**
s. Expresión de asombro o pasmo. *ej.* Mi estupor fue mayor cuando me llamaron de la oficina del director.

étnicos [ét•ni•cos] / **ethnic**
adj. Que forma parte de una raza o nación. *ej.* Estados Unidos es un país formado por varios grupos étnicos.

evacuación [e•va•cua•ción] / **evacuation**
s. Desocupar un lugar para evitar un peligro.
ej. Hicimos un simulacro de evacuación del edificio para casos de peligro.

eventualidad [e•ven•tua•li•dad] / **eventuality**
s. Algo que no es fijo ni regular, que depende de las circunstancias. *ej.* Los aviones tienen máscaras de oxígeno por si sucede alguna eventualidad durante el vuelo. *sin.* contingencia.

evitar [e•vi•tar] / **prevent**
v. Apartarse de algún peligro o molestia. *ej.* Tomé otra ruta para evitar el tráfico de la mañana. *sin.* escapar. *ant.* afrontar.

evocar [e•vo•car] / recall
v. Traer algo a la memoria. *ej.* La abuela comenzó a evocar la tierra donde nació. *sin.* recordar. *ant.* olvidar.

excéntrico [ex•cén•tri•co] / eccentric
adj. Que es extravagante. *ej.* El hombre apareció con un atuendo excéntrico de sombrero y bastón. *sin.* singular. *ant.* normal.

excepción [ex•cep•ción] / exception
s. Que se aparta de lo ordinario o de una regla general. *ej.* Toda mi familia vino al desfile del Cuatro de Julio, a excepción de mi hermana Rosa que tiene gripe. *sin.* salvo. *ant.* incluida.

excesivo [ex•ce•si•vo] / excessive
adj. Que sobrepasa lo que se considera conveniente. *ej.* Este hombre gordo tiene ya un peso excesivo. *sin.* desmedido. *ant.* insuficiente.

excluido [ex•clu•i•do] / exclude
v. excluir Echar a una persona o cosa fuera del lugar que ocupaba. *ej.* Julián fue excluido del equipo de atletismo de su escuela.
sin. eliminado. *ant.* incluido.

exhalaba [ex•ha•la•ba] / exhale
v. exhalar Echar gases, vapores u olores. *ej.* El cráter exhalaba vapores que venían del centro de la Tierra. *sin.* lanzaba. *ant.* absorbía.

exhausto [ex•haus•to] / exhausted
adj. Que se encuentra muy cansado. *ej.* Luego de la competencia el atleta quedó exhausto. *sin.* extenuado. *ant.* vigoroso.

exhibe [ex•hi•be] / exhibit
v. exhibir Mostrar algo en público. *ej.* En el cine hoy se exhibe un interesante documental sobre civilizaciones antiguas. *sin.* presenta. *ant.* oculta.

exige [e•xi•ge] / demand
v. exigir Cuando una persona pide algo a lo que tiene derecho. *ej.* Luego de portarse bien, la niña exige su malteada de chocolate. *sin.* demanda. *ant.* desiste.

éxodo [é•xo•do] / exodus
s. Emigración de un grupo de personas a otro país. *ej.* El éxodo de los latinos a Estados Unidos se da porque las personas buscan mejores condiciones de vida. *sin.* migración. *ant.* repatriación.

exóticas [e•xó•ti•cas] / exotic
adj. Extranjeras, personas o cosas que vienen de un país lejano. *ej.* Hoy en día, muchas personas consideran que las tradiciones hawaianas son exóticas. *sin.* desconocidas. *ant.* convencionales.

expectación [ex•pec•ta•ción] / expectation
s. Curiosidad o interés con que se espera algo. *ej.* La llegada del cantante de moda causó gran expectación en el público. *sin.* emoción. *ant.* desinterés.

E e

expedición

expedición [ex•pe•di•ción] / expedition
s. Viaje de un grupo de personas que tienen un fin concreto. *ej.* Los integrantes de la expedición iniciaron el descenso de la montaña. *sin.* excursión.

experto [ex•per•to] / expert
adj. y *s.* Persona que tiene mucha experiencia o conoce muy bien un tema. *ej.* Mi papá es un experto en reparación de aparatos eléctricos. *sin.* especialista. *ant.* inexperto.

expire [ex•pi•re] / expire
v. expirar Cuando una cosa se acaba. *ej.* Cómete el yogurt antes de que la fecha de caducidad expire. *sin.* concluya. *ant.* comience.

Cuando un ser vivo fallece o muere. *ej.* Quiero que la rosa **expire** entre mis manos.

explosivos [ex•plo•si•vos] / explosives
s. Objetos que hacen o provocan una explosión. *ej.* Usaron explosivos para abrir la mina.

exprimir [ex•pri•mir] / squeeze
v. Sacar el líquido de una cosa. *ej.* Después de exprimir el jugo de la naranja, el señor Lugo se sentó a tomar su desayuno. *sin.* estrujar. *ant.* empapar.

expulsión [ex•pul•sión] / expel
v. expulsar Obligar a algo o alguien a salir de un lugar. *ej.* Su travesura le costó la expulsión del equipo de beisbol. *sin.* despedida. *ant.* integración.

extasiado [ex•ta•sia•do] / **ecstasy**
adj. Que está maravillado. *ej.* El grupo quedó extasiado ante la aurora boreal. *sin.* embelesado. *ant.* desencantado.

exterminio [ex•ter•mi•nio] / **extermination**
s. Eliminar o destruir por completo algo. *ej.* Los ecologistas luchan para evitar el exterminio de varias especies animales. *sin.* extinción. *ant.* conservación.

extinción [ex•tin•ción] / **extinction**
s. Desaparición de una especie animal o vegetal. *ej.* La extinción de los dinosaurios se debió a un gran meteorito.

extracción [ex•trac•ción] / **extraction**
s. Sacar algo de una parte. *ej.* Marina es especialista en extracción de muelas. *sin.* extirpación.

El origen o linaje de una persona. *ej.* Los reyes de España son de noble **extracción**.

extravío [ex•tra•ví•o] / **loss**
v. extraviar Cuando se pierde el camino que se quería seguir. *ej.* Mi extravío nos llevó a un lugar desconocido. *sin.* desviación. *ant.* hallazgo.

exuberante [e•xu•be•ran•te] / **exuberant**
adj. Que es abundante, que se ha desarrollado en exceso. *ej.* El explorador estaba maravillado de la exuberante vegetación de la selva. *sin.* profusa. *ant.* escasa.

F f

fábulas

fábulas [fá•bu•las] / fables
s. Relatos cortos que tienen una enseñanza. *ej.* Las fábulas me enseñaron a respetar a los demás. *sin.* cuento. *ant.* verdad.

falla [fa•lla] / failure
s. Cuando una acción o cosa tiene un defecto. *ej.* El auto de papá tiene una falla en el motor. *sin.* avería.

Cuando en un terreno hay una fractura. *ej.* La **falla** de San Andrés provoca algunos terremotos todos los años.

fama [fa•ma] / fame
s. La opinión que la gente tiene sobre algo o alguien. *ej.* Ernesto tiene fama de ser el mejor deportista de la escuela. *sin.* honra.

fandango [fan•dan•go] / rowdy party
s. Cuando hay gran fiesta o alboroto por una causa alegre. *ej.* En Año Nuevo hubo un buen fandango en la casa.

fango [fan•go] / mud
s. Barro que se forma por la mezcla de agua y tierra. *ej.* Mis zapatos se ensuciaron en el fango. *sin.* lodo.

fantásticos [fan•tás•ti•cos] / fantastic
adj. Hechos que son irreales o inventados por la imaginación de alguien. *ej.* Su libro contaba historias de seres fantásticos como el unicornio y las hadas. *sin.* ilusorios. *ant.* verídicos.

farallones [fa•ra•llo•nes] / cliffs
s. Rocas altas y picudas que sobresalen en el mar o en la costa. *ej.* Desde los farallones se contempla toda la isla.

faz **F f**

faraón [fa•ra•ón] / pharaoh
s. Soberano o gobernante del antiguo Egipto. *ej.* El faraón mandó construir una pirámide en su honor.

farsa [far•sa] / farce
s. Comedia breve y cómica que busca divertir al público. *ej.* Vimos una farsa sobre cómo sería la vida del hombre en Marte.

fascinación [fas•ci•na•ción] / fascinating
s. Sentimiento que surge cuando algo atrae la atención.
ej. Las películas de aventuras me producen fascinación.
sin. encanto. *ant.* desencanto.

fastidio [fas•ti•dio] / nuisance
s. Sentimiento que surge cuando algo disgusta o molesta.
ej. Mamá no entiende que para mí es un fastidio ordenar mi cuarto.
sin. engorro. *ant.* diversión.

fatídica [fa•tí•di•ca] / ominous
adj. Que algo es nefasto, desgraciado. *ej.* La noticia fatídica de que no dormiría esa noche se hizo realidad: el bebé estuvo inquieto gran parte de la noche. *sin.* funesta. *ant.* favorable.

fatigosa [fa•ti•go•sa] / tiring
adj. Que causa agitación y cansancio.
ej. Aprender a jugar ajedrez era una tarea fatigosa para Alicia. *sin.* agotadora.

faz [faz] / face
s. El rostro o la cara de una persona o cosa. *ej.* En la faz del señor Pérez se dibujaba la melancolía.

F f

fe

fe [fe] / faith
s. Confianza que tiene una persona en sí misma, en otra o en una cosa. *ej.* Tengo fe en que algún día reinará la paz en el mundo. *sin.* certidumbre. *ant.* desconfianza.

fecundar [fe•cun•dar] / fertilize
v. Reproducirse para dar origen a un nuevo ser. *ej.* Las abejas ayudan a las plantas a fecundar a distancia. *sin.* polinizar.

fenómeno [fe•nó•me•no] / phenomenon
s. Cuando una cosa resulta extraordinaria y sorprendente. *ej.* En la antigüedad se consideraba a un eclipse como un fenómeno incomprensible. *sin.* anormalidad.

Persona o animal que parece un monstruo. *ej.* La serpiente de dos cabezas es un **fenómeno** que presenta el circo.

féretro [fé•re•tro] / coffin
s. Ataúd o caja para colocar a los muertos. *ej.* Cargaron el féretro hasta el cementerio.

feriados [fe•ria•dos] / holidays
s. Días laborales en los que se suspende el trabajo por celebrarse una festividad. *ej.* Los días feriados por Acción de Gracias, nos reunimos con la familia.

feroz [fe•roz] / fierce
adj. Que es muy grande e intenso. *ej.* Me dio un hambre feroz y casi acabo con todo lo que había en el refrigerador. *sin.* atroz.

fertilidad [fer•ti•li•dad] / fertility
s. Cuando algo produce en abundancia. *ej.* La fertilidad de nuestra tierra nos ha hecho ricos. *sin.* fecundidad. *ant.* esterilidad.

ficción

F f

fertilizantes [fer•ti•li•zan•tes] / fertilizers
s. Abonos o sustancias que sirven para que la tierra produzca más. *ej.* Los fertilizantes ayudaron a que crecieran rosas en el jardín.

fervor [fer•vor] / fervor
s. Sentimiento de adoración hacia algo o alguien. *ej.* Alicia y Julieta trabajaron con tanto fervor en el jardín comunitario, que ahora es uno de los lugares más visitados. *sin.* interés. *ant.* desgana.

festín [fes•tín] / feast
s. Banquete o comida donde no falta nada. *ej.* El anfitrión dio un gran festín a sus invitados.

fiable [fia•ble] / trustworthy
adj. Persona en quien se puede confiar. *ej.* Un amigo es siempre un compañero fiable.

fiambre [fiam•bre] / cold meat
s. Alimento preparado para comerse frío, como el jamón. *ej.* En el día de campo comimos fiambres de jamón y chorizo.

fiar [fiar] / trust
v. Vender algo sin pagarlo en ese momento, sino más adelante. *ej.* Don Pepe me pudo fiar tres kilos de arroz, porque yo se los pagaré mañana.

Confiar en algo o alguien. *ej.* La gente honesta es de **fiar**.

ficción [fic•ción] / fiction
s. Relato que es producto de la imaginación de alguien. *ej.* La historia de Harry Potter es ficción. *sin.* invención. *ant.* realidad.

F f

fiero

fiero [fie•ro] / wild
adj. Que es feroz, duro o cruel.
ej. El león es un fiero animal.

figurín [fi•gu•rín] / model
s. Pieza que sirve como modelo para hacer trajes y adornos.
ej. Colocaron la blusa en el figurín para terminar los últimos detalles.

Qué + significa

Que es grande o excesivo. *ej.* El niño regresó a casa con un cansancio **fiero.**

filósofos [fi•ló•so•fos] / philosophers
s. Personas que se dedican al estudio de la filosofía.
ej. Los filósofos reflexionan sobre la naturaleza del hombre.

finca [fin•ca] / ranch
s. Propiedad que es rústica o urbana.
ej. Vivo en una finca al pie de los Alpes.

fingió [fin•gió] / pretended
v. fingir Presentar como verdadero lo que no es. *ej.* La joven fingió no ver a su amiga. *sin.* aparentó. *ant.* mostró.

finísimas [fi•ní•si•mas] / fine
adj. Que son delicadas y de buena calidad. *ej.* Me regalaron unas botas finísimas y de última moda.
sin. primorosas. *ant.* rudas.

firmemente [fir•me•men•te] / snuggly
adv. Que no se mueve y se sostiene con fuerza. *ej.* Sostiene firmemente al ave en sus manos antes de liberarla.
sin. enérgicamente. *ant.* débilmente.

fisgoneando [fis•go•nean•do] / snooping
v. fisgonear Cuando se investiga con curiosidad en los asuntos de otros. *ej.* Paty estuvo fisgoneando en los cajones de su hermana mayor.

fisonomía [fi•so•no•mí•a] / **physiognomy**
　s. Lo que hace particular al rostro de una persona. *ej.* Su fisonomía era la de un hombre mayor. *sin.* aspecto, semblante.

flacuchenta [fla•cu•chen•ta] / **skinny**
　adj. Persona que está delgada o que parece enferma. *ej.* Por no comer lo suficiente, Amanda se ve toda flacuchenta.

flamante [fla•man•te] / **brilliant**
　adj. Cuando un objeto es vistoso y reluciente. *ej.* El flamante auto nos esperaba en la puerta. *sin.* reluciente.

flanco [flan•co] / **flank**
　s. Las partes que están a un lado de un cuerpo. *ej.* El boxeador le pegó a su contrincante en el flanco derecho. *sin.* costado.

flaqueaban [fla•quea•ban] / **weakened**
　v. flaquear Cuando se pierden las fuerzas para hacer algo. *ej.* Jorge sintió que sus fuerzas flaqueaban cuando vio el tamaño de las olas. *sin.* cedían. *ant.* resistían.

flecos [fle•cos] / **fringes**
　s. Cordones que cuelgan de una tela. *ej.* La mantilla española de la abuela tiene flecos de colores.

flexiones [fle•xio•nes] / **push-ups**
　s. Movimientos que consisten en doblar el cuerpo para hacer ejercicio. *ej.* Hicimos veinte flexiones en la clase de gimnasia.

F f

fogón

fogón [fo•gón] / old stove
s. Lugar de la cocina donde se hace fuego y se guisa. *ej.* Nos sentábamos cerca del fogón porque era el lugar más cálido de la casa.

fogoso [fo•go•zo] / fiery
adj. Que pone mucho entusiasmo en lo que hace. *ej.* Juan es demasiado fogoso al momento de jugar basquetbol. *sin.* impetuoso. *ant.* frío.

follaje [fo•lla•je] / foliage
s. Conjunto de hojas de un árbol o planta. *ej.* El follaje de la isla era tan espeso que ocultó a los nativos. *sin.* fronda.

fomentar [fo•men•tar] / encourage
v. Aumentar la actividad de algo. *ej.* Compraron libros ilustrados para fomentar la lectura. *sin.* promover. *ant.* obstaculizar.

fondos [fon•dos] / funds
s. El dinero que se tiene ahorrado. *ej.* Nuestros fondos alcanzan para comprar una casa.

Parte inferior de una cosa. *ej.* Guardé mis estampas en el **fondo** del cajón.

foráneos [fo•rá•neos] / foreigners
adj. Personas que vienen de otro lugar; extranjeros. *ej.* Muchos foráneos vienen de varios países a visitar nuestras cascadas. *sin.* forasteros. *ant.* nativos.

formales [for•ma•les] / formal
adj. Persona que es seria y responsable. *ej.* Por su manera de expresarse, se nota que los nuevos vecinos son formales.

fracturado

F f

formulario [for•mu•la•rio] / **form**
  s. Escrito que tiene una serie de preguntas para que sean contestadas. *ej.* En las inscripciones tuve que llenar un formulario sobre mis gustos personales.

fornido [for•ni•do] / **husky**
  adj. Persona que es robusta y fuerte. *ej.* Antonio era un hombre fornido que podía levantar cualquier cosa pesada. *sin.* macizo. *ant.* débil.

fortaleza [for•ta•le•za] / **strength**
  s. Capacidad que se tiene para soportar las dificultades. *ej.* Gracias a su fortaleza, María pudo superar la tragedia. *sin.* firmeza. *ant.* debilidad.

fortificaciones [for•ti•fi•ca•cio•nes] / **fortifications**
  s. Construcciones que sirven para defender un lugar. *ej.* Las ruinas de las fortificaciones nos protegieron del viento.

forzados [for•za•dos] / **forced**
  adj. Cuando las personas son obligadas por la fuerza a hacer algo que no quieren. *ej.* Mis hermanos fueron forzados a cumplir con sus obligaciones.

fracaso [fra•ca•so] / **failure**
  s. Cuando no se tiene éxito al intentar algo. *ej.* Voy a aprender de mi primer fracaso y volveré a brincar del trampolín. *sin.* fallo. *ant.* triunfo.

fracturado [frac•tu•ra•do] / **fractured**
  adj. Cuando un hueso está roto. *ej.* Su pie quedó fracturado cuando cayó de la escalera. *sin.* quebrado.

F f

frágil [frá•gil] / fragile
adj. Que se rompe con facilidad. *ej.* El cristal es un material frágil. *sin.* débil. *ant.* resistente.

fragor [fra•gor] / roar
s. Un ruido muy grande o fuerte.
ej. Avanzamos al fragor de los tambores. *sin.* estruendo. *ant.* silencio.

franquear [fran•quear] / overcome
v. Quitar los obstáculos del camino, abrir paso. *ej.* La caballería llegó para franquear el camino. *sin.* abrir. *ant.* negar.

frenéticamente [fre•né•ti•ca•men•te] / frantically
adv. Hacer algo de modo furioso, con rabia. *ej.* El perro nos ladró frenéticamente desde la cerca. *sin.* exaltadamente. *ant.* tranquilamente.

frontera [fron•te•ra] / frontier
s. Línea que divide dos territorios.
ej. Mi casa está en la frontera entre dos ciudades. *sin.* límite.

frustración [frus•tra•ción] / frustration
s. Molestia por no recibir lo que se estaba esperando.
ej. Su frustración fue grande cuando perdió el premio.
sin. fracaso. *ant.* triunfo.

fuente [fuen•te] / source
s. Material que informa o inspira al autor de un escrito.
ej. Para mi proyecto de ciencias, tomé como fuente la enciclopedia que hay en mi casa. *sin.* origen. *ant.* término.

fundía

F f

fuga [fu•ga] / **escape**
    s. Cuando alguien escapa de modo precipitado. *ej.* Los ladrones intentaron darse a la fuga, pero fueron capturados por la policía. *sin.* evasión. *ant.* detención.

fugitivos [fu•gi•ti•vos] / **fugitives**
    s. Personas que están escapando de algo. *ej.* Los fugitivos huyeron de sus carceleros. *sin.* prófugos. *ant.* detenidos.

fulgor [ful•gor] / **brilliance**
    s. Resplandor y brillantez con luz propia. *ej.* El cometa se presentó con su maravilloso fulgor. *sin.* esplendor. *ant.* oscuridad.

funcionario [fun•cio•na•rio] / **public official**
    s. Persona que trabaja en un puesto público. *ej.* El funcionario nos entregó el formulario para solicitar la residencia en este país.

fundador [fun•da•dor] / **founder**
    s. Persona que establece y crea una institución. *ej.* Roberto se convirtió en el fundador de la isla cuando la descubrió.

fundamentales [fun•da•men•ta•les] / **fundamentals**
    adj. Que sirven de base para algo. *ej.* Una alimentación sana y el ejercicio, son fundamentales para el desarrollo de los niños. *sin.* esenciales.

fundía [fun•dí•a] / **melt**
    v. fundir Convertir un sólido en un líquido. *ej.* El cocinero fundía el queso para mezclarlo con el resto de los ingredientes. *sin.* derretía. *ant.* solidificaba.

G g

gacha

gacha [ga•cha] / soft watery paste
s. Lodo, barro. *ej.* Con la lluvia, la calle se llenó de gacha.

gala [ga•la] / gala
s. Fiesta elegante y solemne.
ej. Hubo una gala benéfica para recaudar fondos para el asilo de ancianos.
sin. ceremonia.

Vestido elegante. *ej.* Para la boda Marisa se vistió con sus mejores **galas.**

galardonados [ga•lar•do•na•dos] / prize-winners
v. galardonar Premiar a alguien para reconocer sus méritos.
ej. Los bomberos fueron galardonados por su valiente labor.
sin. homenajeados. *ant.* desacreditados.

galeones [ga•leo•nes] / galleons
s. Embarcaciones usadas por los españoles en la época de la Colonia.
ej. Los galeones transportaron cargamentos de plata y oro.

galvanizado [gal•va•ni•za•do] / galvanized
s. Metal que tiene una capa de otro metal para evitar que se oxide. *ej.* Me regalaron un reloj galvanizado en oro.

ganancias [ga•nan•cias] / profits
s. Provecho que se obtiene de una acción determinada. *ej.* Hoy vendimos todos los helados y obtuvimos muchas ganancias.
sin. utilidades. *ant.* pérdidas.

garabato [ga•ra•ba•to] / scribble
s. Un dibujo que no representa nada.
ej. El primer dibujo de Daniel fue un garabato. *sin.* garrapato.

G g

genial

garantizar [ga•ran•ti•zar] / guarantee
v. Dar seguridad sobre algo. *ej.* La policía trabaja para garantizar nuestra seguridad. *sin.* asegurar. *ant.* arriesgar.

garrotes [ga•rro•tes] / clubs
s. Palos gruesos y fuertes. *ej.* Nos defendimos de las bestias con los garrotes.

gasa [ga•sa] / chiffon
s. Tela ligera y transparente. *ej.* Me cubrí el rostro con una gasa de seda.

gélidas [gé•li•das] / icy
adj. Lugares o cosas que son heladas. *ej.* Los pingüinos pueden vivir en regiones gélidas. *sin.* frías. *ant.* ardientes.

gemir [ge•mir] / groan
v. Hacer sonidos que expresan pena, dolor o placer. *ej.* Cuando se lastimó, comenzó a gemir de dolor. *sin.* sollozar. *ant.* reírse.

gemólogo [ge•mó•lo•go] / gemologist
s. Persona que se dedica al estudio de las piedras preciosas. *ej.* El gemólogo clasificó el diamante como uno de los mejores.

generación [ge•ne•ra•ción] / generation
s. Conjunto de personas que viven en la misma época. *ej.* A nuestra generación le gustan los videojuegos.

genial [ge•nial] / brilliant
adj. Que es agradable, excelente. *ej.* Ir a la feria fue una idea genial. *sin.* fantástica. *ant.* insignificante.

G g

gentío

gentío [gen•tí•o] / crowd
s. Mucha gente reunida en un lugar. *ej.* El gentío, reunido para ver el desfile, llenó las calles del pueblo.

genuflexión [ge•nu•fle•xión] / genuflexion
s. Doblar la rodilla como reverencia.
ej. Debes hacer una genuflexión cuando estés frente a la reina.
sin. saludo.

gesticular [ges•ti•cu•lar] / gesticulate
v. Hacer gestos o muecas con una parte del cuerpo para expresar algo. *ej.* El limón estaba tan agrio que me hizo gesticular. *sin.* manotear.

gesto [ges•to] / gesture
s. Acción que expresa un sentimiento de amabilidad o generosidad.
ej. Le dio un regalo como gesto de buena voluntad.

gladiolos [gla•dio•los] / gladiolus
s. Plantas que tienen flores rojas. *ej.* Los gladiolos florecieron en el jardín de mi tío Ramón.

glifos [gli•fos] / griffe
s. Signos esculpidos sobre una superficie lisa. *ej.* Ernesto observó detenidamente los glifos de la piedra que encontró en la excursión.

glorioso [glo•rio•so] / glorious
adj. Cuando una acción es digna de honor y alabanza.
ej. El momento cuando me entregaron la medalla de oro fue más que glorioso.

gorgojos [gor•go•jos] / grubs
s. Insectos que son perjudiciales para las semillas y cereales. *ej.* El paquete de avena estaba lleno de gorgojos.

gospel [gos•pel] / gospel
s. Canto religioso propio de los afroamericanos. *ej.* En la celebración, cantaron un gospel lleno de esperanza.

gozar [go•zar] / enjoy
v. Sentimiento de placer; disfrutar algo. *ej.* Desde mi balcón pude gozar del paisaje marino. *sin.* recrear. *ant.* fastidiarse.

grácil [grá•cil] / thin
adj. Persona, animal o cosa que es delicado, menudo y sutil. *ej.* La gacela saltó con un grácil movimiento. *sin.* suave. *ant.* rudo.

gradualmente [gra•dual•men•te] / gradually
adv. Que actúa de modo progresivo y creciente. *ej.* Aprendió a andar en patineta gradualmente hasta que se volvió un experto. *sin.* paulatinamente. *ant.* repentinamente.

gratificante [gra•ti•fi•can•te] / gratifying
adj. Cuando algo complace y satisface. *ej.* Fue gratificante obtener buenas notas en matemáticas. *sin.* recompensante. *ant.* desagradable.

graves [gra•ves] / serious
adj. Asuntos que son de mucha importancia. *ej.* El paso del tornado causó daños graves en la comarca. *sin.* serios. *ant.* ligeros.

G g

graznido

graznido [graz•ni•do] / squawk
s. Voz del cuervo, del ganso y otras aves. *ej.* El graznido del cuervo nos alertó del peligro.

gregario [gre•ga•rio] / gregarious
adj. Persona que forma parte de un grupo sin distinguirse de las demás y tiende a seguir las ideas de otros. *ej.* Ramón es tan gregario que se adaptó fácilmente a nuestra sociedad protectora de animales.

grieta [grie•ta] / crack
s. Abertura alargada que queda en una superficie al separarse en dos partes. *ej.* El terremoto abrió una grieta en medio de la calle.
sin. hendidura, fisura.

grilletes [gri•lle•tes] / shackles
s. Piezas de hierro para sujetar a los presos con una cadena. *ej.* El policía aseguró a los presos con grilletes y salió cerrando la reja.

grosera [gro•se•ra] / rude
adj. Persona que no tiene educación ni cortesía. *ej.* Fuiste muy grosera al no saludar a la familia. *sin.* irrespetuosa. *ant.* cortés.

guacales [gua•ca•les] / crates
s. Cestas de varillas de madera que sirven para transportar mercancías. *ej.* Llené dos guacales con pelotas de colores.

guadaña [gua•da•ña] / scythe
s. Herramienta que se usa en el cultivo del campo y está formada por una cuchilla curvada sujeta a un palo largo. *ej.* El labrador usa la guadaña para cortar los cultivos a ras del suelo.

güiro

G g

guardafrenos [guar•da•fre•nos] / brakeman
s. Empleado que maneja los frenos en los trenes. *ej.* El guardafrenos detuvo el tren al llegar a la estación.

guarecen [gua•re•cen] / shelter
v. guarecerse Refugiarse en alguna parte para protegerse de un daño o peligro. *ej.* Los amigos se guarecen de la nevada bajo un establo.
sin. parapetan. *ant.* exponen.

gubernamental [gu•ber•na•men•tal] / governmental
adj. Asunto que pertenece al gobierno. *ej.* Realizar las obras de remodelación de este sitio histórico fue una decisión gubernamental.

gueto [gue•to] / ghetto
s. Comunidad que está apartada del resto de la sociedad. *ej.* En el gueto los niños aprendieron a comunicarse con un lenguaje propio.

guiones [guio•nes] / scripts
s. Textos donde se incluye todo el desarrollo de una película, obra de teatro o programa de radio y televisión. *ej.* Andrea escribirá los guiones para las dos obras de teatro que presentará la escuela en el festival de primavera.

Qué + significa
Signos ortográficos. *ej.* Los **guiones** se usan para separar las oraciones.

güiro [güi•ro] / percussion instrument
s. Instrumento musical hecho con una calabaza y semillas, dentro que al moverse producen sonido. *ej.* El güiro llevaba el ritmo de la canción.

H h

hábitat

hábitat [há•bi•tat] / habitat
s. Condiciones en que vive una especie o un grupo de especies. *ej.* El hábitat de los leones es la sabana.

habituales [ha•bi•tua•les] / usual
adj. Acciones que se hacen por hábito o por costumbre. *ej.* Comer en casa de la abuela es una de nuestras actividades habituales de cada domingo. *sin.* ordinarias. *ant.* inusuales.

habladurías [ha•bla•du•rí•as] / gossip
s. Chismes, murmuraciones acerca de otras personas. *ej.* Las habladurías de la vecina le causaron serios problemas en la comunidad.

hacendado [ha•cen•da•do] / landowner
s. Persona que tiene una o varias haciendas. *ej.* El hacendado cuida de su ganado y sus tierras.

halagada [ha•la•ga•da] / flattered
v. halagar Cuando una persona recibe muestras de afecto o admiración. *ej.* Me sentí halagada cuando Alicia me ofreció su amistad. *sin.* complacida. *ant.* insultada.

hambruna [ham•bru•na] / hunger
s. Hambre que se genera debido a la escasez de alimentos.
ej. Varios países envían alimentos a los lugares donde hay hambruna.

haragana [ha•ra•ga•na] / lazy
adj. Persona a la que no le gusta trabajar. *ej.* Es una haragana, no le gusta estudiar. *sin.* holgazana. *ant.* trabajadora.

harto [har•to] / fed up
adj. Que ha comido demasiado. *ej.* Luego de comer tres hamburguesas quedé harto.

herencia

hato [ha•to] / herd
s. Conjunto de ganado. *ej.* El perro controlaba el hato de vacas.

hazañas [ha•za•ñas] / feats
s. Acciones importantes o heroicas. *ej.* Mi escrito narra las hazañas de Washington para lograr la independencia. *sin.* proezas. *ant.* cobardías.

hazmerreír [haz•me•rre•ír] / laughingstock
s. Persona que hace reír a los demás por su ridiculez. *ej.* No me voy a disfrazar porque no quiero ser el hazmerreír de la escuela. *sin.* adefesio. *ant.* gallardo.

hedor [he•dor] / stench
s. Olor muy desagradable. *ej.* Los huevos podridos tienen un hedor insoportable. *sin.* fetidez. *ant.* fragancia.

hendiduras [hen•di•du•ras] / slits
s. Aberturas en los cuerpos del hombre y de los animales. *ej.* El tiburón recibió un tremendo golpe en las hendiduras branquiales.

herbosa [her•bo•sa] / grassy
adj. Que está cubierta de hierba abundante. *ej.* En la zona herbosa del patio viven muchos insectos.

heredad [he•re•dad] / homestead
s. Conjunto de tierras y bienes que pertenecen a un mismo dueño. *ej.* La familia López se mudó a Nebraska porque ahí recibió una heredad.

herencia [he•ren•cia] / inheritance
s. Bienes que se reciben de una persona cuando ésta muere. *ej.* Recibí como herencia la casa de mi abuela.

hermética

hermética [her•mé•ti•ca] / airtight
adj. Que algo está perfectamente cerrado. *ej.* La tía Julia guarda sus joyas en una caja hermética. *sin.* sellada. *ant.* abierta.

herreros [he•rre•ros] / blacksmiths
s. Personas que fabrican o trabajan con objetos de hierro.
ej. Los herreros construyeron la reja de la mansión.

herrumbre [he•rrum•bre] / rust
s. Óxido del hierro. *ej.* La llave estaba cubierta de herrumbre debido a la humedad del lugar. *sin.* moho, pátina, hongo.

hervidero [her•vi•de•ro] / bubbling
s. Movimiento y ruido que hace un líquido cuando hierve.
ej. El hervidero del agua indicó que había que reducir el fuego. *sin.* ebullición, efervescencia.

hidrante [hi•dran•te] / fire hydrant
s. Toma de agua que se ubica en las aceras. *ej.* El bombero colocó la manguera en el hidrante y después apagó el incendio.

hilachas [hi•la•chas] / loose threads
s. Pedazos de hilo que salen de la tela. *ej.* Su bufanda quedó en hilachas cuando se atoró en la reja.

hipaba [hi•pa•ba] / hiccupped
v. hipar Tener hipo. *ej.* El bebé hipaba por el frío.

hipnotizantes [hip•no•ti•zan•tes] / **hypnotized**
   adj. Objetos o acciones que provocan fascinación. *ej.* Sus ojos color violeta eran hipnotizantes. *sin.* encantadores. *ant.* repulsivos.

histérico [his•té•ri•co] / **hysterical**
   adj. Que padece una excitación nerviosa. *ej.* El científico salió gritando su descubrimiento como histérico. *sin.* nervioso. *ant.* sereno.

historiadores [his•to•ria•do•res] / **historians**
   s. Estudiosos de la historia o de los sucesos que ocurrieron en el pasado. *ej.* Los historiadores nos contaron sobre la Muralla China.

hogaza [ho•ga•za] / **large loaf of bread**
   s. Pan grande que contiene algo de salvado. *ej.* El amigo sacó una hogaza de pan para comerla con queso y jamón.

holgazán [hol•ga•zán] / **lazy**
   adj. y *s.* Persona floja y ociosa a la que no le gusta trabajar. *ej.* El muy holgazán se la pasa viendo la televisión. *sin.* haragán. *ant.* diligente.

hollín [ho•llín] / **soot**
   s. Sustancia negra y grasosa que deja el humo. *ej.* Al salir de la chimenea, Mauricio apareció cubierto de hollín.

hombrón [hom•brón] / **mannish**
   s. Hombre de gran tamaño. *ej.* Mi tío es un hombrón que mide dos metros de altura.

H h

homenaje

homenaje [ho•me•na•je] / **tribute**
s. Acto que se realiza en honor de una persona. *ej.* Los bomberos recibieron un homenaje por su valentía. *sin.* distinción. *ant.* vituperio.

homologación [ho•mo•lo•ga•ción] / **equivalence**
v. homologar Reconocer que dos cosas tienen las mismas características. *ej.* El químico hizo la homologación de las sustancias. *sin.* equiparación.

honrado [hon•ra•do] / **honest**
adj. Que es incapaz de robar o engañar. *ej.* En un acto honrado, Lucía devolvió el dinero que encontró en el piso. *sin.* decente. *ant.* inmoral.

hormigón [hor•mi•gón] / **concrete**
s. Mezcla de cemento, piedras y arena usada en la construcción. *ej.* El piso de la plaza está hecho de hormigón.

hospitalidad [hos•pi•ta•li•dad] / **hospitality**
s. Albergue que se le da a alguien.
ej. Los abuelos recibieron a mis amigos con mucha hospitalidad.

hostilidades [hos•ti•li•da•des] / **hostilities**
s. Agresiones que se dan contra el enemigo. *ej.* Las hostilidades acabaron cuando llegamos a un acuerdo. *sin.* ataques. *ant.* paz.

huelga [huel•ga] / **strike**
s. Forma de protesta que consiste en dejar de laborar.
ej. Los obreros hicieron una huelga para que les aumentaran el sueldo.

huipiles [hui•pi•les] / **ponchos**
  s. Túnicas con bordados de colores. *ej.* Los huipiles de colores son elegantes y cómodos.

humillación [hu•mi•lla•ción] / **humiliation**
  s. Acción que se hace para acabar con el orgullo y altivez de alguien. *ej.* La humillación de su derrota sirvió para que se convirtiera en un jugador menos vanidoso. *sin.* degradación. *ant.* enaltecimiento.

humorísticos [hu•mo•rís•ti•cos] / **humorous**
  adj. Acciones que causan risa, que son festivos o graciosos. *ej.* Los dibujos humorísticos nos hicieron reír mucho. *sin.* satíricos.

huracanados [hu•ra•ca•na•dos] / **hurricane-like**
  adj. Que son tan violentos como un huracán. *ej.* Los vientos huracanados levantaron el techo de la casa.

hurgó [hur•gó] / **poke**
  v. hurgar Remover las cosas en busca de algo. *ej.* El mago hurgó en el sombrero y sacó un conejo.

husmear [hus•mear] / **sniff out**
  v. Rastrear o buscar algo con el olfato. *ej.* El conejo comenzó a husmear las zanahorias. *sin.* olfatear, explorar.

husos [hu•sos] / **time zones**
  s. Cada una de las 24 divisiones de la superficie terrestre y cuyos puntos tienen la misma hora legal. *ej.* Debes conocer los husos horarios para actualizar tu reloj durante tu viaje a Japón.

Instrumento que sirve para retorcer dos o más hilos. *ej.* Antonia acomodó los hilos en el **huso.**

I i

identidad

identidad [i•den•ti•dad] / identity
s. Que una persona sea quien dice ser. *ej.* En el banco me pidieron mi tarjeta de identidad para poder sacar el dinero.

ígneo [íg•neo] / igneous
adj. Relativo al fuego o a sus propiedades. *ej.* La madera de la fogata tenía un color ígneo.

ignorados [ig•no•ra•dos] / ignorant
v. ignorar No tener conocimiento o noticia de algo. *ej.* Estos son temas ignorados por los niños de esta edad. *sin.* desconocidos. *ant.* conocidos.

ilustran [i•lus•tran] / illustrate
v. ilustrar Cosas que instruyen o enseñan a los demás. *ej.* Los viajes ilustran, pues con ellos se conocen otras culturas. *sin.* educar. *ant.* abstenerse.

Adornar un escrito con dibujos. *ej.* Ellos **ilustran** sus cuentos con acuarelas.

impaciencia [im•pa•cien•cia] / impatience
s. Falta de paciencia para esperar. *ej.* Por mi impaciencia, el pastel me quedó crudo. *sin.* precipitación. *ant.* paciencia.

impacto [im•pac•to] / impact
s. Choque entre dos objetos. *ej.* El impacto del meteorito acabó con los dinosaurios.

impasiblemente [im•pa•si•ble•men•te] / impassible
adv. Que no se altera ni demuestra alguna emoción. *ej.* El karateca recibió los golpes impasiblemente. *sin.* estoicamente. *ant.* inquietamente.

128

impecable [im•pe•ca•ble] / impeccable
adj. Que algo es perfecto y no tiene ningún defecto. *ej.* Apareció impecable con su traje blanco. *sin.* correcto. *ant.* incorrecto.

impedir [im•pe•dir] / prevent
v. Estorbar la realización de una cosa. *ej.* Llegué a tiempo para impedir que Ana se subiera al árbol. *sin.* prohibir. *ant.* permitir.

impermeable [im•per•mea•ble] / raincoat
s. Abrigo hecho con una tela que impide que pase el agua. *ej.* Gracias a mi impermeable puedo bailar bajo la lluvia. *sin.* gabardina.

impertinentes [im•per•ti•nen•tes] / impertinent
adj. Que molesta, que no tienen consideración. *ej.* Fueron impertinentes por jugar a media noche. *sin.* imprudentes. *ant.* amables.

imperturbable [im•per•tur•ba•ble] / unalterable
adj. Persona que no se altera o molesta ante algo.
ej. El oficinista se mantuvo imperturbable ante la cantidad de personas que esperaban ser atendidas. *sin.* inmutable. *ant.* impaciente.

implantación [im•plan•ta•ción] / implementation
s. Acción de establecer reglas o costumbres nuevas. *ej.* El presidente del club comenzó con la implantación de las normas que debemos seguir. *sin.* introducción. *ant.* anulación.

implementar [im•ple•men•tar] / implement
v. Llevar a cabo un plan que puede ser útil para varias personas.
ej. Queremos implementar un programa de emergencia para evitar accidentes.

I i

implorando

implorando [im•plo•ran•do] / implore
v. implorar Rogar, pedir algo a otro, con lágrimas. *ej.* Implorando, le pedí a mi papá que me dejara ir a la fiesta. *sin.* suplicando. *ant.* exigiendo.

imponente [im•po•nen•te] / imposing
adj. Que sorprende por tener algo extraordinario. *ej.* A la entrada del palacio encontramos una estatua imponente. *sin.* magnífica. *ant.* insignificante.

imprevista [im•pre•vis•ta] / unforeseen
adj. Situación que no se espera o con la que no se contaba. *ej.* La visita de Juan a la casa fue imprevista, por lo que tuvimos que comprar más pan. *sin.* repentina. *ant.* prevista.

improbable [im•pro•ba•ble] / unlikely
adj. Que es poco probable que algo suceda. *ej.* Es improbable que veamos leones en un bosque. *sin.* incierto. *ant.* probable.

improvisadas [im•pro•vi•sa•das] / improvised
adj. Que algo se realiza con prisa y sin contar con lo necesario para hacerlo. *ej.* Hice unas cortinas improvisadas con las sábanas.

impulsar [im•pul•sar] / drive
v. Empujar para dar movimiento a un cuerpo. *ej.* El escarabajo empezó a impulsar una bola de lodo. *sin.* arrastrar. *ant.* detener.

imputados [im•pu•ta•dos] / impute
adj. Algo que se le atribuye a alguien. *ej.* Los logros fueron imputados a mis amigos. *sin.* achacados. *ant.* eximidos.

incrustada I i

inanición [i•na•ni•ción] / starvation
s. Debilitamiento por falta de alimento. *ej.* En el mundo hay muchos niños que sufren de inanición. *sin.* desnutrición. *ant.* salud.

incienso [in•cien•so] / incense
s. Resina que al arder da un olor agradable.
ej. El incienso llenó el cuarto de aroma a madera.

incitándolos [in•ci•tán•do•los] / incite
v. incitar Alentar a alguien a hacer algo. *ej.* Di tres silbidos incitándolos a que me siguieran.
sin. invitándolos. *ant.* disuadiéndolos.

inclinó [in•cli•nó] / leaned
v. inclinar Cuando una persona dobla el tronco o baja la cabeza. *ej.* Roberto se inclinó hacia Juan y le dijo algo al oído. *sin.* agachó. *ant.* levantó.

inconfundible [in•con•fun•di•ble] / unmistakable
adj. Que no se confunde o mezcla. *ej.* El cabello rojo de Tomás es inconfundible. *sin.* distinto. *ant.* común.

inconsciente [in•cons•cien•te] / unconscious
adj. Que ha perdido el conocimiento, que se ha desmayado. *ej.* La joven cayó inconsciente sobre la arena.
sin. desfallecida.
ant. consciente.

Qué + significa
Acción que es irreflexiva e irrespetuosa. *ej.* Beber y manejar es un acto **inconsciente.**

incorporados [in•cor•po•ra•dos] / incorporate
v. incorporar Agregar una cosa a otra para que formen un todo.
ej. Una vez incorporados los ingredientes, hay que mezclar la masa.
sin. añadidos. *ant.* separados.

incrustada [in•crus•ta•da] / incrusted
v. incrustar Introducir una cosa en otra de manera que quede fija en ella. *ej.* Mi anillo tiene una piedra roja incrustada en oro.
sin. engastada.

I i

inculque [in•cul•que] / instill
v. inculcar Repetir algún consejo todo el tiempo. *ej.* Quiero que le inculque que debe tomar agua todos los días. *sin.* enseñe. *ant.* disuada.

incurable [in•cu•ra•ble] / incurable
adj. Cuando algo no tiene remedio o no se puede curar. *ej.* El árbol tiene una enfermedad incurable y tendremos que cortarlo.

indefensa [in•de•fen•sa] / defenseless
adj. Persona o animal que no puede defenderse. *ej.* La cría quedó sola e indefensa en medio del bosque. *sin.* desamparada. *ant.* amparada.

indicio [in•di•cio] / indication
s. Señal que lleva a suponer algo. *ej.* La chaqueta en el sofá era un indicio de que José estuvo en casa. *sin.* huella.

indígenas [in•dí•ge•nas] / native
s. Personas que son originarias de un país. *ej.* Los indígenas de Alaska vivían en iglúes. *sin.* nativos.

indignación [in•dig•na•ción] / indignation
s. Enfado violento que se siente contra alguien. *ej.* Mi indignación fue mayor cuando supe que mentía. *sin.* ira. *ant.* consuelo.

indiscriminada [in•dis•cri•mi•na•da] / indiscriminate
adj. Que elige algo sin hacer una selección cuidadosa. *ej.* Compré los lápices de colores en forma indiscriminada.

inesperado

I i

indisolublemente [in•di•so•lu•ble•men•te] / indissolubly
adv. Cuando dos cosas están tan unidas que no se pueden disolver o desatar. *ej.* Los ingredientes quedaron mezclados indisolublemente.

indispensable [in•dis•pen•sa•ble] / indispensable
adj. Que es totalmente necesario. *ej.* Es indispensable saber leer y escribir para comunicarnos por Internet. *sin.* fundamental. *ant.* prescindible.

indistinguibles [in•dis•tin•gui•bles] / indistinguishable
adj. Que no se pueden conocer la diferencia entre una cosa y otra. *ej.* En este lugar, los edificios de las montañas son indistinguibles.

indómitas [in•dó•mi•tas] / untamed
adj. Que no se puede domar.
ej. Estas fieras salvajes son indómitas.
sin. salvajes. *ant.* mansas.

indudablemente [in•du•da•ble•men•te] / unquestionable
adv. Que no puede ponerse en duda, que es cierto.
ej. Indudablemente yo disfruto ir al cine todos los domingos. *sin.* indiscutiblemente. *ant.* discutiblemente.

inertes [i•ner•tes] / inert
adj. Que no tienen movimiento propio.
ej. Las piedras y los minerales son seres inertes. *sin.* inmóviles. *ant.* activos.

inesperado [i•nes•pe•ra•do] / unexpected
adj. Cuando algo no es esperado, que es imprevisto. *ej.* Mis padres me dieron un regalo inesperado aunque no era mi cumpleaños. *sin.* repentino.
ant. previsto.

I i

inestimable

inestimable [i•nes•ti•ma•ble] / **invaluable**
adj. Que no se puede calcular su valor. *ej.* La amistad es un valor inestimable.

inexorable [i•ne•xo•ra•ble] / **inexorable**
adj. Que no se deja vencer por ruegos o amenazas. *ej.* La orden inexorable de nuestra tía nos obligó a ir a la cama.
sin. inflexible. *ant.* comprensiva.

infalible [in•fa•li•ble] / **infallible**
adj. Que no tiene posibilidad de estar equivocado. *ej.* El fallo del jurado fue infalible y no podemos alegar más.
sin. indiscutible. *ant.* inseguro.

infatigable [in•fa•ti•ga•ble] / **tireless**
adj. Que nunca se cansa. *ej.* Este deportista es infatigable, puede jugar tres partidos seguidos sin cansarse. *sin.* incansable.
ant. cansado.

infección [in•fec•ción] / **infection**
s. Desarrollo de microbios que causan una enfermedad en los seres vivos. *ej.* Armando tiene una infección en la garganta.
sin. contaminación. *ant.* desinfección.

infestado [in•fes•ta•do] / **infested**
v. infestar Cuando se acumulan en un sitio gran cantidad de personas, animales o cosas. *ej.* El viejo tronco estaba infestado de hormigas.

infinita [in•fi•ni•ta] / **infinite**
adj. Que no tiene fin, que parece demasiado grande para poderse medir. *ej.* Desde la Tierra, la atmósfera parece infinita, como un océano de aire.
sin. inmensa, inconmensurable.
ant. finita, limitada.

influencia [in•fluen•cia] / influence
s. Poder que tiene una persona sobre otras. *ej.* Este cantante de rock tiene gran influencia sobre los jóvenes. *sin.* influjo. *ant.* desprestigio.

informal [in•for•mal] / informal
adj. Persona que actúa con poca seriedad. *ej.* Ana es muy informal, siempre llega tarde. *sin.* irresponsable. *ant.* formal.

Qué + significa
Que no sigue las formas y convenciones sociales. *ej.* El joven usa ropa **informal** y en la oficina donde trabaja todos usan traje y corbata.

infundía [in•fun•dí•a] / inspired
v. infundir Provocar un sentimiento o estado de ánimo. *ej.* La fogata nos infundía una sensación de seguridad. *sin.* inspiraba. *ant.* sacaba.

ingeniaste [in•ge•nias•te] / invented
v. ingeniárselas Arreglárselas para salir bien de algo. *ej.* Te las ingeniaste para solucionar el problema.

ingenuamente [in•ge•nua•men•te] / innocently
adv. Que actúa con sinceridad y candor. *ej.* Ingenuamente le presté mi videojuego creyendo que me lo devolvería. *sin.* inocentemente. *ant.* astutamente.

ingería [in•ge•rí•a] / consumed
v. ingerir Introducir algún alimento por la boca. *ej.* El oso ingería la miel con rapidez. *sin.* engullía.

ingrávida [in•grá•vi•da] / weightless
adj. Que es ligera, que no pesa. *ej.* La nave flotó ingrávida por el espacio. *sin.* ligera. *ant.* sólida.

ingrávida

I i

ingresos [in•gre•sos] / income
s. El dinero que se obtiene por un trabajo o una renta.
ej. Con mi nuevo trabajo aumentaré mis ingresos.
sin. ganancias. *ant.* pérdidas.

iniciativa [i•ni•cia•ti•va] / initiative
s. Ser el primero en proponer o hacer algo.
ej. Tomé la iniciativa de exponer un tema ante la clase. *sin.* decisión.

injustamente [in•jus•ta•men•te] / unfairly
adv. Que no es equitativo ni imparcial.
ej. Lo sacaron del partido injustamente.
sin. arbitrariamente. *ant.* justamente.

inmemoriales [in•me•mo•ria•les] / immemorial
adj. Que son tan antiguos que no se tiene memoria de cuándo empezaron. *ej.* Estas ruinas son de tiempos inmemoriales.
sin. remotos. *ant.* recientes.

inmensa [in•men•sa] / immense
adj. Algo que es muy grande o muy difícil de medir o contarse. *ej.* Se formó una ola inmensa y nos sentimos pequeñísimos. *sin.* enorme. *ant.* minúscula.

inmigrantes [in•mi•gran•tes] / immigrants
s. Personas que se mudan a un país para vivir en él. *ej.* Nuestro país está formado por inmigrantes de varios países.

inmunda [in•mun•da] / filthy
adj. Que algo está muy sucia o es repugnante. *ej.* Una rata inmunda se atrevió a entrar a la cocina. *sin.* asquerosa.

insensato

inmutable [in•mu•ta•ble] / immutable
adj. Lo que no puede cambiarse. *ej.* El paso del tiempo es inmutable, nadie puede cambiar el pasado. *sin.* invariable. *ant.* variable.

innatas [in•na•tas] / inborn
adj. Cualidades que no se aprenden, se nace con ellas. *ej.* Sus destrezas para el dibujo y la pintura son innatas. *sin.* propias.

innegable [in•ne•ga•ble] / undeniable
adj. Que no se puede negar. *ej.* La libertad es un derecho innegable del hombre. *sin.* legítimo. *ant.* cuestionable.

inolvidable [i•nol•vi•da•ble] / unforgettable
adj. Que no se puede olvidar, que produce una fuerte impresión.
ej. El viaje en globo fue una aventura inolvidable. *sin.* memorable.
ant. ordinario.

inquebrantable [in•que•bran•ta•ble] / unbreakable
adj. Que no se puede romper o deteriorar. *ej.* Nuestra amistad es inquebrantable y durará toda la vida. *sin.* firme. *ant.* quebrantable.

inquietudes [in•quie•tu•des] / worries
s. No estar quieto en un lugar, sentir desasosiego. *ej.* Los cachorros pasaban muchas inquietudes cuando no estaba su madre. *sin.* ansiedad. *ant.* serenidad.

inquisitivas [in•qui•si•ti•vas] / curious
adj. Que sirven para averiguar o investigar. *ej.* Sus preguntas inquisitivas me hicieron temblar.

insensato [in•sen•sa•to] / foolish
adj. Que actúa sin reflexión y cordura. *ej.* Por andar tan distraído, el insensato casi cae por la alcantarilla. *sin.* imprudente. *ant.* sensato.

I i

insinuar

insinuar [in•si•nuar] / insinuate
v. Dar a entender algo, sugerir. *ej.* Con esos movimientos, ella quiso insinuar que era la mejor patinadora del mundo. *sin.* indicar. *ant.* demostrar.

insistentemente [in•sis•ten•te•men•te] / insistently
adv. Que se hace algo con insistencia y reiteración.
ej. Insistentemente me pregunta todos los días si me lavé los dientes después de comer. *sin.* obstinadamente.
ant. condescendientemente.

insólito [in•só•li•to] / unusual
adj. Cuando algo no es usual, que es extraordinario. *ej.* El viejo león lanzó un insólito rugido. *sin.* raro. *ant.* común.

insomnio [in•som•nio] / insomnia
s. Dificultad para conciliar el sueño.
ej. Me puse a contar ovejas para combatir el insomnio. *sin.* desvelo.
ant. sueño.

inspiración [ins•pi•ra•ción] / inspire
s. Que provoca ideas creadoras.
ej. El mar es su inspiración para escribir poemas.

instinto [ins•tin•to] / instinct
s. Tendencia de una especie a actuar de cierto modo. *ej.* Las golondrinas tienen el instinto de emigrar en invierno y no tienen que decidirlo.

insultarla [in•sul•tar•la] / insult her
v. insultar Dirigir palabras ofensivas. *ej.* Cuando comenzó a insultarla, nos enojamos mucho.
sin. injuriarla. *ant.* elogiarla.

intérprete

intemperie [in•tem•pe•rie] / open area
s. Que algo se encuentra al aire libre.
ej. Por andar de juguetón, mi gato pasó la noche a la intemperie. *sin.* exterior.

intenciones [in•ten•cio•nes] / intentions
s. Propósitos de hacer alguna cosa. *ej.* Sus intenciones eran navegar y descubrir nuevas tierras. *sin.* planes. *ant.* desinterés.

intensa [in•ten•sa] / intense
adj. Expresión fuerte de los sentimientos. *ej.* Nuestra alegría fue intensa cuando hallamos el tesoro. *sin.* grande. *ant.* leve.

Que actúa con intensidad, con fuerza. *ej.* El fuego intenso cubrió todo el bosque.

interminable [in•ter•mi•na•ble] / endless
adj. Que no tiene fin, que dura demasiado.
ej. La conversación parecía interminable.

internamiento [in•ter•na•mien•to] / admission
s. Ingresar en un internado, hospital, etc. *ej.* Su internamiento sólo duraría un día.

interponía [in•ter•po•ní•a] / intervene
v. interponer Poner a alguien como mediador para evitar o interrumpir una acción.
ej. Ana se interponía entre los dos hermanos cuando discutían por el helado de vainilla. *sin.* intervenía. *ant.* excluía.

intérprete [in•tér•pre•te] / interpreter
s. Persona que traduce de una lengua a otra. *ej.* Raquel fue la intérprete en la conferencia de las Naciones Unidas.
sin. traductora.

I i

interrumpido [in•te•rrum•pi•do] / interrupted
v. interrumpir Detener una acción.
ej. El partido quedó interrumpido a causa del granizo. *sin.* suspendido. *ant.* reanudado.

intervención [in•ter•ven•ción] / intervention
s. Tomar parte en un asunto. *ej.* La intervención de Lucas nos ayudó a ganar el partido. *sin.* colaboración. *ant.* desentendimiento.

intimidante [in•ti•mi•dan•te] / intimidate
v. intimidar Acción que atemoriza o asusta a los demás.
ej. El oso lanzó un rugido intimidante y todos salimos corriendo. *sin.* amenazador.

intransitables [in•tran•si•ta•bles] / impassable
adj. Cuando el paso por un camino es imposible o difícil. *ej.* Los caminos quedaron intransitables y ya nadie pasa por ahí.

intrépidas [in•tré•pi•das] / fearless
adj. Que son muy valientes y no le temen al peligro. *ej.* Las intrépidas jovencitas escalaron la montaña.

intrigadísimos [in•tri•ga•dí•si•mos] / very intrigued
v. intrigar Sentir mucha curiosidad por algo. *ej.* Al finalizar el capítulo, los niños quedaron intrigadísimos y quisieron seguir leyendo.

intrincados [in•trin•ca•dos] / intricate
adj. Que es complicado, confuso. *ej.* Avanzamos por los intrincados pasajes del castillo. *sin.* enmarañados. *ant.* despejados.

intrínseco [in•trín•se•co] / **intrinsic**
adj. Que es propio y esencial de algo. *ej.* Las joyas tienen un valor intrínseco. *sin.* característico. *ant.* extrínseco.

introvertido [in•tro•ver•ti•do] / **introverted**
adj. Que tiende al silencio y la reflexión. *ej.* Jaime es tan introvertido que no le gusta hablar con nadie. *sin.* cohibido. *ant.* sociable.

intruso [in•tru•so] / **intrusive**
adj. Que se introduce en un lugar donde no ha sido invitado. *ej.* Un intruso se ocultaba tras un muro para no ser visto por el policía que vigilaba la entrada del edificio.

invencible [in•ven•ci•ble] / **invincible**
adj. Que no puede ser vencido. *ej.* Nuestro equipo es invencible. Hemos ganado cuatro torneos seguidos. *sin.* invicto. *ant.* derrotado.

inverso [in•ver•so] / **opposite**
adj. Que está en sentido opuesto o contrario. *ej.* El carro avanzó en sentido inverso, pero el oficial de vialidad lo advirtió a tiempo para evitar un accidente.

involucradas [in•vo•lu•cra•das] / **involved**
v. involucrar Comprometer a alguien en un asunto.
ej. Aunque no lo quisieran, las hermanas quedaron involucradas en la organización del festival. *sin.* incluidas. *ant.* excluidas.

ira [i•ra] / **rage**
s. Sentimiento de furia o enojo. *ej.* Su ira fue tan grande que salió de casa dando un portazo. *sin.* rabia. *ant.* serenidad.

I i

irisado [i•ri•sa•do] / iridescent
adj. Que brilla como los colores del arco iris. *ej.* El rayo irisado atravesó las cortinas de la casa.

irónica [i•ró•ni•ca] / ironic
adj. Que se burla de forma disimulada. *ej.* Cuando le pedí que me ayudara con la tarea de ciencias, una sonrisa irónica apareció en su cara. *sin.* cruel. *ant.* sincera.

irreprochable [i•rre•pro•cha•ble] / irreproachable
adj. Que no tiene ninguna falta que sea motivo de desaprobación. *ej.* Marisa siempre ha tenido una conducta irreprochable.

irrigación [i•rri•ga•ción] / irrigate
s. Acción de regar algo con un líquido. *ej.* El río realiza la irrigación del campo para que las plantas crezcan pronto.

irritan [i•rri•tan] / irritate
v. irritar Hacer sentir enojo en otra persona. *ej.* Los insultos irritan a cualquiera. *sin.* enfurecen. *ant.* consuelan.

irrumpió [i•rrum•pió] / burst in
v. irrumpir Entrar violentamente en un lugar. *ej.* El temible gato irrumpió en el gallinero sin que nadie lo sospechara. *sin.* invadió.

izar [i•zar] / hoist
v. Subir una cosa tirando de la cuerda a la que está atada. *ej.* Gilberto comenzó a izar la bandera para que todos la vieran. *sin.* levantar. *ant.* bajar.

jornal J j

jactándose [jac•tán•do•se] / boasting
v. jactarse Presumir de cualidades posibles o reales.
ej. Manuel estuvo jactándose de su valentía.

jadear [ja•dear] / pant
v. Respirar con dificultad por cansancio.
ej. Al terminar el partido de futbol, Hugo estaba tan cansado que no dejaba de jadear. *sin.* resollar. *ant.* calmarse.

jambalaya [jam•ba•la•ya] / jambalaya
s. Guisado criollo hecho de arroz, mariscos, pollo, jamón y vegetales. *ej.* Comimos jambalaya al estilo de mi madre.

jarabe [ja•ra•be] / syrup
s. Medicamento líquido muy azucarado. *ej.* Me dieron un jarabe para curarme la gripe.

jeroglíficos [je•ro•glí•fi•cos] / hieroglyphics
s. Escritura que usa figuras y símbolos en vez de letras. Era la escritura de los egipcios y otros pueblos antiguos.
ej. Los jeroglíficos mostraban un águila y una luna.

jornada [jor•na•da] / workday
s. Tiempo que se dedica al trabajo en un día o una semana.
ej. Mi papá trabaja una jornada de lunes a viernes, de 9 de la mañana a 5 de la tarde.

Qué + significa
Camino que se recorre en un día. *ej.* Nuestra jornada acabaría al llegar al puerto.

jornal [jor•nal] / day's wages
s. Pago que recibe un trabajador por cada día de trabajo.
ej. Al recibir su jornal, Pedro compró un regalo para su mamá.
sin. salario, sueldo.

J j

joven

joven [jo•ven] / youthful
adj. Que tiene características propias de la juventud. *ej.* Para mantener el cuerpo joven, hay que hacer ejercicio. *sin.* lozano. *ant.* marchito.

jubilado [ju•bi•la•do] / retired
adj. y *s.* Que se ha retirado de trabajar debido a su edad. *ej.* Mi abuelo está jubilado y ahora se dedica a pescar.

judicial [ju•di•cial] / judicial
adj. Relativo a la justicia. *ej.* El poder judicial hace efectivas las leyes.

juncos [jun•cos] / rush
s. Plantas con tallos largos que crecen en lugares húmedos. *ej.* Estos juncos crecen en los lagos con patos.

junturas [jun•tu•ras] / joint
s. Punto donde se unen dos o más cosas. *ej.* Se rompieron las junturas de la silla de montar y el jinete se cayó.

justificar [jus•ti•fi•car] / justify
v. Que hace justa una cosa, que puede demostrar algo. *ej.* Le mostré la receta médica al maestro para justificar mi falta a la clase de ayer. *sin.* demostrar.

juzgo [juz•go] / form an opinion
v. juzgar Opinar, considerar, creer. *ej.* Juzgo necesario empezar por escribir nuestro plan de trabajo.

kimono [ki•mo•no] / kimono
s. Vestido tradicional usado por los japoneses. *ej.* El kimono es un vestido tradicional japonés.

lances

laberinto [la•be•rin•to] / labyrinth
s. Lugar con muchos pasillos cruzados donde es difícil encontrar la salida. *ej.* En el laberinto de Minos vivía un minotauro.

labor [la•bor] / work
s. Trabajo o tarea que realiza una persona. *ej.* Mi labor es cocinar para la familia. *sin.* quehacer. *ant.* desocupación.

lacandones [la•can•do•nes] / lacandones
s. Tribu maya que habita en Chiapas, México. *ej.* Los lacandones viven en la selva y tienen costumbres distintas a las nuestras.

laceraba [la•ce•ra•ba] / lacerate
v. lacerar Producir un daño en el cuerpo. *ej.* El sol del desierto laceraba la piel de todos los turistas. *sin.* lastimaba. *ant.* beneficiaba.

Qué + significa
Que causa un dolor moral. *ej.* La discusión que tuvo con su hermano **laceraba** su alma y por eso lo perdonó.

lactan [lac•tan] / nurse
v. lactar Amamantar o criar con leche. *ej.* Los mamíferos lactan cuando son pequeños. *sin.* alimentan. *ant.* destetan.

ladronzuelos [la•dron•zue•los] / thieves
s. Personas que roban objetos de poco valor. *ej.* Los ladronzuelos se llevaron el póster de mi amigo.

lances [lan•ces] / incidents
s. Conflictos, desafíos o momentos críticos. *ej.* Hubo varios lances entre los dos vecindarios pero éstos se terminaron cuando ambos llegaron a un acuerdo. *sin.* querellas. *ant.* reconciliaciones.

L l

lánguida [lán•gui•da] / languid
adj. Que le falta fuerza y vigor. *ej.* Se recostó lánguida sobre el sofá. *sin.* fatigada. *ant.* enérgica.

larva [lar•va] / larvae
s. Etapa entre el huevo y el adulto en algunas especies. *ej.* La oruga es la larva de la mariposa.

latiendo [la•tien•do] / beating
v. latir Que el corazón da latidos.
ej. Mi corazón está latiendo tan fuerte que seguro lo escuchas.

latinizadas [la•ti•ni•za•das] / latinized
v. latinizar Dar forma latina a palabras de otras lenguas. *ej.* Por toda Europa hay regiones que tienen lenguas latinizadas.

laúd [la•úd] / lute
s. Instrumento musical de 7, 13 ó 21 cuerdas. *ej.* El laúd se usaba en Europa en los siglos XVI y XVII.

lazarillo [la•za•ri•llo] / blind person's guide
s. Nombre que se le da al muchacho que sirve de guía a una persona invidente. *ej.* Manuel es el lazarillo del señor Pérez.

leal [le•al] / loyal
adj. Persona que es fiel a otra o a una causa.
ej. Aurora es una secretaria leal a su jefe.
sin. fiable. *ant.* desleal.

lechoso [le•cho•so] / milky
adj. Que se parece a la leche. *ej.* Su piel es tan blanca que tiene un aspecto lechoso.

legales [le•ga•les] / legal
adj. Que se refieren a la ley o a la justicia. *ej.* Los abogados resuelven problemas legales. *sin.* jurídicos. *ant.* ilegales.

legarse [le•gar•se] / bequeath
v. legar Cuando una persona deja sus bienes a otra persona en un testamento. *ej.* La mansión pudo legarse a los habitantes del lugar para convertirla en museo.
sin. donarse. *ant.* adquirirse.

Qué + significa

Transmitir ideas y tradiciones. *ej.* Gracias a la imprenta, los idiomas inglés y español pudieron **legarse** a las siguientes generaciones.

legendaria [le•gen•da•ria] / legendary
adj. Relativo a las leyendas. *ej.* Dicen que la legendaria vikinga vivió en estas tierras. *sin.* mítica. *ant.* desconocida.

legionarios [le•gio•na•rios] / legionaries
adj. Que pertenecen a una legión o grupo de combatientes.
ej. Los legionarios españoles lucharon en Marruecos.

legisladores [le•gis•la•do•res] / lawmakers
s. Personas que hacen o establecen leyes. *ej.* Los legisladores crearon las leyes para proteger la ciudad.

lepra [le•pra] / leprosy
s. Enfermedad que afecta la piel y los nervios. *ej.* La lepra era muy común durante la Edad Media.

leseras [le•se•ras] / foolishness
s. Tonterías, necedades o estupideces. *ej.* Eso que dices no puede ser verdad. Ya deja de decir leseras y ayúdame a limpiar la cochera.

L l

lesionarme [le•sio•nar•me] / injuring myself
v. lesionar Causar una lesión o un daño. *ej.* Evitaré lesionarme en el entrenamiento para estar en buena forma para el partido.

letales [le•ta•les] / deadly
adj. Que pueden causar la muerte. *ej.* Las serpientes pueden dar mordidas letales, por eso hay que protegerse. *sin.* mortíferas. *ant.* vivificantes.

levadizo [le•va•di•zo] / lift
adj. Que se eleva por medio de un mecanismo. *ej.* El caballo avanzó por el puente levadizo.

léxico [lé•xi•co] / lexicon
adj. Que se refiere al vocabulario de una lengua. *ej.* El léxico del español es rico en palabras graves.

lianas [lia•nas] / vines
s. Plantas de la selva tropical que se encaraman en los árboles hasta alcanzar la parte alta y ahí brotan sus ramas. *ej.* Algunos simios se desplazan en la selva por medio de las lianas.

liban [li•ban] / sucked
v. libar Chupar el jugo de una cosa. *ej.* Los colibríes liban el néctar de las flores. *sin.* beben. *ant.* arrojan.

libertadores [li•ber•ta•do•res] / liberators
s. Que ponen en libertad a los demás. *ej.* Los libertadores nos salvaron de tener que vivir encerrados en este lugar.

librado [li•bra•do] / freed
v. librar Dejar libre a alguien de un trabajo, peligro o situación desagradable. *ej.* Ramón fue librado de sus problemas económicos, gracias a su nuevo trabajo.

licenciar [li•cen•ciar] / discharge
v. Cuando una autoridad militar da permiso de dejar el ejército a un soldado. *ej.* El ejército tuvo que licenciar a varios soldados.

líder [lí•der] / leader
s. Jefe de un grupo. *ej.* Martín es el líder de los niños detectives.

lidiar [li•diar] / fight
v. Tratar con algo difícil. *ej.* Tuvimos que lidiar con el calor del desierto. *sin.* luchar.

lienzo [lien•zo] / canvas
s. Tela que sirve para pintar.
ej. Dibujó tu figura en un lienzo.

ligaduras [li•ga•du•ras] / bonds
s. Cosas que sirven para atar. *ej.* Las ligaduras dejaron mis manos inmovilizadas.

ligereza [li•ge•re•za] / lightness
s. Hacer algo sin pensar, de prisa y sin cuidado. *ej.* Este asunto no puedes tomarlo con ligereza. *sin.* irreflexión. *ant.* seriedad.

lijar [li•jar] / sand down
v. Pulir una superficie. *ej.* Antes de pintar la puerta hay que lijar la madera.

limados [li•ma•dos] / filed
v. limar Dejar lisos los objetos duros.
ej. Los troncos quedaron limados y listos para usarse.

L l

limitó

limitó [li•mi•tó] / limited
v. limitar Poner límites o un término a algo. *ej.* Él se limitó a limpiar el pizarrón y no respondió a sus burlas.

Qué + significa
Reducir los gastos. *ej.* Mi madre se **limitó** para comprar sólo lo necesario.

limpiapipas [lim•pia•pi•pas] / pipe cleaners
s. Instrumento hecho de alambres delgados que sirve para limpiar el interior de las pipas. *ej.* El limpiapipas quedó lleno de cenizas.

linaje [li•na•je] / lineage
s. Los antepasados de una persona. *ej.* Bruno tiene un linaje de gente muy famosa. *sin.* alcurnia.

lindando [lin•dan•do] / bordering
v. lindar Tener límites comunes. *ej.* Nuestra casa se encuentra lindando el río. *sin.* rayando.

linóleo [li•nó•leo] / linoleum
s. Tejido de yute que sirve para pavimentar. *ej.* Colocamos el linóleo nuevo en el jardín.

linotipista [li•no•ti•pis•ta] / linotypist
s. Persona que maneja una linotipia o máquina de imprenta. *ej.* En las imprentas de antes, el linotipista formaba con cuidado cada línea que se imprimiría en un periódico.

lío [lí•o] / mess
s. Embrollo o situación difícil. *ej.* Martha se metió en un gran lío por mentirle a sus padres acerca de sus calificaciones.

lunático

litografías [li•to•gra•fí•as] / lithography
s. Reproducción de un texto o dibujo por medio de una piedra especial. *ej.* Colgamos la litografía en el centro del cuarto.

llano [lla•no] / flat
adj. Cuando algo está plano, liso, sin desniveles. *ej.* Podemos realizar la carrera en un terreno llano. *sin.* aplanado. *ant.* abrupto.

lloriquear [llo•ri•quear] / whimper
v. Llorar en forma débil. *ej.* Ana empezó a lloriquear cuando su mamá le llamó la atención.

lontananza [lon•ta•nan•za] / far away
s. Cuando algo se encuentra a lo lejos. *ej.* Apenas pudo ver a los vaqueros en la lontananza.

lozano [lo•za•no] / luxuriant
adj. Que tiene una apariencia vigorosa, llena de energía. *ej.* Recuperado, el roble tiene ya un aspecto lozano. *sin.* frondoso. *ant.* marchito.

lucro [lu•cro] / profit
s. Ganancia o provecho que se obtiene de una cosa o negocio. *ej.* Realizamos el evento sin fines de lucro.

luminotécnico [lu•mi•no•téc•ni•co] / lighting engineers
s. Persona que maneja luz artificial en la industria o el espectáculo. *ej.* El luminotécnico dirigió la luz hacia el escenario.

lunático [lu•ná•ti•co] / lunatic
adj. Que tiene cambios bruscos en el estado de ánimo. *ej.* Ramón no es fácil de tratar, es un lunático. *sin.* maniático. *ant.* sensato.

M m

machete

machete [ma•che•te] / machete
s. Cuchillo grande que sirve para cortar la caña.
ej. Con el machete corté una caña gigante.

maciza [ma•ci•za] / solid
adj. Que es sólida y firme. *ej.* Hay un cerro de tierra maciza. *sin.* compacta. *ant.* suelta.

madereros [ma•de•re•ros] / timber merchant
s. Personas que comercian con la madera.
ej. Los madereros vendieron varias piezas de paneles de madera a la escuela.

madriguera [ma•dri•gue•ra] / burrow
s. Pequeña cueva, estrecha y profunda donde viven ciertos animales. *ej.* En la madriguera vivían dos roedores.
sin. guarida.

madurez [ma•du•rez] / maturity
s. Cuando se llega a la plenitud de la vida. *ej.* La planta llegó a su madurez y ahora produce frutos. *sin.* desarrollo. *ant.* inmadurez.

magnífico [mag•ní•fi•co] / wonderful
adj. Que es excelente, admirable. *ej.* El escultor hizo un magnífico trabajo en su obra. *sin.* espléndido. *ant.* insignificante.

magnitud [mag•ni•tud] / magnitude
s. Grandeza o importancia de algo. *ej.* La magnitud del sismo fue de 5 grados en la escala de Richter. *sin.* intensidad.

magra [ma•gra] / lean
adj. Que tiene poca o ninguna grasa. *ej.* Para conservar una buena salud, lo recomendable es comer carne magra.

maldigo   **M m**

magullado [ma•gu•lla•do] / **bruised**
adj. Que tiene golpes en el cuerpo. ej. Juan quedó magullado luego del partido de futbol americano. sin. lastimado.

majaguas [ma•ja•guas] / **majaguas**
s. Árboles altos y gruesos de flores grandes. ej. El pájaro se escondió entre las majaguas.

majestuosamente [ma•jes•tuo•sa•men•te] / **majestic**
adv. Que actúa con grandeza y autoridad sobre alguien. ej. Ordenó majestuosamente que guardaran silencio y todos lo obedecieron. sin. imponentemente. ant. humildemente.

majo [ma•jo] / **attractive**
adj. Persona que es guapa y atractiva. ej. Leonardo era el actor más majo de todos los que asistieron al espectáculo.

malabarismos [ma•la•ba•ris•mos] / **juggling**
s. Juegos de destreza y habilidad.
ej. Lo contrataron en el circo para hacer malabarismos con pelotas de colores.

malacología [ma•la•co•lo•gí•a] / **malacology**
s. Ciencia que estudia a los moluscos.
ej. La malacología estudia a los ostiones entre otras especies.

maldigo [mal•di•go] / **curse**
v. maldecir Expresar enojo o condena contra alguien.
ej. Maldigo el día que perdí mi collar de perlas que me daba buena suerte. sin. condeno. ant. bendigo.

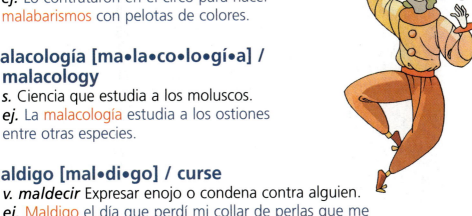

M m

malentendidos

malentendidos [ma•len•ten•di•dos] / misunderstanding
s. Mala interpretación o comprensión de algo. *ej.* Tantos malentendidos provocaron nuestra separación.

maleza [ma•le•za] / underbrush
s. Espesura de arbustos. *ej.* El tigre se ocultaba entre la maleza.

malgastarlo [mal•gas•tar•lo] / waste
v. malgastar Gastar dinero o tiempo en cosas inútiles. *ej.* Éstos son mis ahorros, pero no quiero malgastarlos en dulces y juguetes. *sin.* derrocharlo. *ant.* ahorrarlo.

malhechor [mal•he•chor] / criminal
s. Persona que se dedica a la delincuencia. *ej.* Metieron al malhechor en la celda. *sin.* criminal. *ant.* bienhechor.

maliciosa [ma•li•cio•sa] / malicious
adj. Persona que actúa con picardía y astucia. *ej.* Tuvieron una maliciosa idea para convencer a sus rivales. *sin.* sagaz. *ant.* ingenua.

malnutrición [mal•nu•tri•ción] / malnutrition
s. Mala alimentación, no comer todo lo necesario para nutrir el organismo. *ej.* Si sigues comiendo pastelitos llegarás hasta la malnutrición.

maloliente [ma•lo•lien•te] / foul
adj. Que tiene mal olor. *ej.* El zorrillo dejó su aroma maloliente en el aire.

maltratado [mal•tra•ta•do] / mistreated
v. maltratar Que lo tratan mal de palabra y obra. *ej.* Luis fue maltratado por quienes se decían sus amigos. *sin.* insultado. *ant.* elogiado.

manaba [ma•na•ba] / gushed
v. manar Cuando un líquido brota o sale de un lugar. *ej.* El agua manaba de la fuente en forma de pez. *sin.* fluía.

manchado [man•cha•do] / stained
adj. Que una cosa tiene zonas de un color diferente del que es. *ej.* Pronto el cielo estará manchado de mariposas monarcas. *sin.* matizado. *ant.* pulcro.

manía [ma•ní•a] / mania
s. Obsesión por un tema o cosa determinada. *ej.* Tengo manía por las fresas con crema. *sin.* capricho. *ant.* desprecio.

manicomio [ma•ni•co•mio] / insane asylum
s. Hospital para enfermos mentales. *ej.* Sonia tuvo que ser internada en el manicomio.

manifestantes [ma•ni•fes•tan•tes] / demonstrators
s. Personas que participan en una manifestación o en un acto público para protestar. *ej.* Los manifestantes pedían más servicios de salud para la población.

manojo [ma•no•jo] / bunch
s. Conjunto de cosas que se pueden tomar con la mano. *ej.* La muchacha tomó un manojo de flores rojas.

manoseaba [ma•no•sea•ba] / handled
v. manosear Tocar varias veces una cosa con las manos con nerviosismo. *ej.* Rocío manoseaba el diccionario en busca de la palabra desconocida que leyó. *sin.* manipulaba. *ant.* abandonaba.

M m

mansedumbre [man•se•dum•bre] / gentleness
s. Convivir con tranquilidad. *ej.* El lobo y el cordero viven ahora en completa mansedumbre. *sin.* tranquilidad. *ant.* rebeldía.

manubrio [ma•nu•brio] / handle
s. Manivela de un instrumento o mecanismo. *ej.* Con el manubrio dirigí el bote al puerto más cercano.

manuscrito [ma•nus•cri•to] / manuscript
s. Escrito que es hecho a mano.
ej. Luego de escribir mi manuscrito, lo revisé para verificar que no tuviera errores de ortografía.

mañoso [ma•ño•so] / clever
adj. Que tiene destreza o habilidad para algo.
ej. Es tan mañoso que puede abrir cualquier puerta. *sin.* capaz. *ant.* inhábil.

maqueta [ma•que•ta] / dummy
s. Modelo a escala de una cosa. *ej.* Construimos una maqueta de la erupción de un volcán.

maraña [ma•ra•ña] / tangle
s. Enredo de los hilos o del cabello. *ej.* Rocío tenía una gran maraña en su cabellera luego del ventarrón. *sin.* revoltijo. *ant.* orden.

marioneta [ma•rio•ne•ta] / marionette
s. Títere que se mueve con hilos.
ej. La marioneta bailaba al ritmo de las manos de su dueño.

marquesina [mar•que•si•na] / glass canopy
s. Protección de cristal a la entrada de un lugar público. *ej.* En la marquesina pusieron la portada de mi último disco.

mecharlos

M m

marras, de [ma•rras] / well-known
adv. Que algo ya es conocido de sobra. *ej.* El libro de marras está en la biblioteca.

martirio [mar•ti•rio] / martyrdom
s. Cuando un trabajo es largo y muy penoso. *ej.* Es un martirio levantarse de madrugada todos los días. *sin.* tortura. *ant.* gozo.

masivo [ma•si•vo] / massive
s. Que agrupa a un gran número de personas. *ej.* Hubo un concierto masivo de rock en el parque del centro.

mastín [mas•tín] / mastiff
s. Perro guardián grande, robusto y leal. *ej.* El mastín defendía la casa de mis padres.

matices [ma•ti•ces] / shades
s. Las diferentes gradaciones que puede tener un color. *ej.* Los matices del rojo son variados. *sin.* tonos.

matrimonial [ma•tri•mo•nial] / wedding
adj. Relativo al matrimonio o a la unión de un hombre y una mujer. *ej.* Ronaldo le entregó el anillo matrimonial a su novia Lucila.

mazorcas [ma•zor•cas] / ear of corn
s. Espigas apretadas que forman los granos de algunas plantas. *ej.* Comimos unas deliciosas mazorcas de maíz.

mecharlos [me•char•los] / stuff
v. mechar Rellenar con trozos de jamón u otro ingrediente la carne. *ej.* Para mecharlos, rellénalos con tocino y zanahoria.

M m

medicinales [me•di•ci•na•les] / medicinal
adj. Que tiene propiedades curativas. *ej.* Las plantas medicinales curan algunas enfermedades.

melaza [me•la•za] / molasses
s. Jarabe que queda en la fabricación del azúcar. *ej.* Del azúcar obtuvimos la melaza que tanto nos gusta.

melindrosa [me•lin•dro•sa] / prissy
adj. Persona que es demasiado delicada en su manera de comportarse. *ej.* Sandra es una chica melindrosa y dominante. *sin.* escrupulosa. *ant.* sensata.

mellados [me•lla•dos] / jagged
adj. Que algunos objetos tienen varias hendiduras en el borde. *ej.* Las llaves quedaron melladas al tratar de abrir con ellas una puerta.

memorable [me•mo•ra•ble] / memorable
adj. Digno de ser recordado. *ej.* Esa fiesta de cumpleaños fue memorable, mis abuelos todavía la recuerdan. *sin.* inolvidable. *ant.* insignificante.

mendigo [men•di•go] / beggar
s. Persona que pide limosna. *ej.* La desgracia dejó a este hombre sin hogar, ni trabajo, y ahora es un mendigo. *sin.* indigente. *ant.* rico.

meningitis [me•nin•gi•tis] / meningitis
s. Inflamación de las meninges. *ej.* Juan está en cama porque enfermó de meningitis.

mentor [men•tor] / mentor
s. Persona que actúa como consejero o guía para los demás. *ej.* Nuestro mentor nos enseñó a nadar. *sin.* preceptor.

meramente [me•ra•men•te] / merely
adv. De modo simple; expresar algo de modo sencillo.
ej. Meramente le dije que yo era un excelente nadador.

merced [mer•ced] / grace
s. Dádiva, gracia o favor que alguien da a otras personas.
ej. Gracias a su merced pude comprar mi boleto de avión.
sin. donación. *ant.* impiedad.

Qué + significa
Cuando una persona queda bajo la voluntad de otra o de un suceso. *ej.* Quedamos a **merced** de las fuerzas de la naturaleza.

mérito [mé•ri•to] / merit
s. Cualidad o acción de una persona mediante la cual se gana el aprecio de los demás.
ej. El científico recibió varios premios por su mérito de desarrollar una vacuna que salvará muchas vidas.
sin. virtud. *ant.* demérito.

merodear [me•ro•dear] / prowls
v. Dar vueltas por un sitio para buscar algo o por curiosidad. *ej.* Un perro callejero comenzó a merodear las casas de otros perros. *sin.* rondar.
ant. despreocuparse.

meticulosamente [me•ti•cu•lo•sa•men•te] / meticulous
adv. Hacer algo de manera minuciosa y concienzuda. *ej.* Comencé a buscar a mi gato cuadra por cuadra meticulosamente.
sin. minuciosamente. *ant.* precipitadamente.

mezquite [mez•qui•te] / mesquite
s. Árbol parecido a la acacia que crece en América. *ej.* Me senté a descansar bajo el mezquite.

M m

migas

migas [mi•gas] / crumbs
s. Pedazos de pan desmenuzados. *ej.* El pan quedó hecho migas sobre la mesa. *sin.* migajas. *ant.* hogazas.

Porción muy pequeña de algo *ej.* Recibí sólo **migas** de tu amistad.

migratorios [mi•gra•to•rios] / migratory
adj. Acción de emigrar o desplazarse por una distancia considerable. *ej.* Las aves migratorias viajan en busca de mejores climas.

minarete [mi•na•re•te] / minaret
s. Torre de las mezquitas. *ej.* Desde cualquier lugar de las ciudades árabes puede verse el minarete.

ministro [mi•nis•tro] / minister
s. Persona que está a cargo del gobierno de un Estado. *ej.* El primer ministro inauguró las fiestas nacionales.

miope [mio•pe] / near-sightedness
adj. Que tiene miopía, es decir, ve borrosos los objetos que están lejos de él. *ej.* No pudo ver bien el espectáculo porque es miope.

mirada [mi•ra•da] / gaze
s. Acción de mirar. *ej.* Daniel vio que Camila venía por la otra acera y de inmediato desvió la mirada.

misericordiosos [mi•se•ri•cor•dio•sos] / merciful
adj. Que se compadecen de las penas ajenas. *ej.* Los hombres misericordiosos ayudaron a levantar nuestras casas. *sin.* bondadosos. *ant.* egoístas.

misiles [mi•si•les] / missiles
s. Proyectiles que llevan una carga explosiva y que pueden ser controlados por medios electrónicos. *ej.* Los misiles fueron desarmados para evitar la guerra.

misión [mi•sión] / mission
   s. Acción que se encarga a una persona para que la realice. *ej.* La misión de Estela era limpiar la ciudad. *sin.* cometido.

Qué + significa
Lugar donde se lleva a cabo la evangelización. *ej.* En la **misión** los religiosos dieron comida y libros a los niños.

mítico [mí•ti•co] / mythical
   s. Que se refiere a una narración oral y simbólica, al mito. *ej.* La Atlántida es una ciudad mítica de la que no ha sido comprobada su existencia. *sin.* legendario.

mocha [mo•cha] / broken
   adj. Que carece de punta, que está truncada. *ej.* La silla tiene una pata mocha.

modales [mo•da•les] / manners
   s. Conjunto de gestos, expresiones y actitudes que corresponden a lo que se considera correcto y distinguido en un grupo social. *ej.* Los modales de Antonio eran dignos de un rey. *sin.* ademanes.

modesto [mo•des•to] / modest
   adj. Persona, animal o cosa que es sencilla y común. *ej.* Mi auto es modesto pero muy práctico. *sin.* austero. *ant.* ostentoso.

modismos [mo•dis•mos] / slangs
   s. Frases características de una lengua. *ej.* Escribió un libro sobre los modismos del lenguaje del siglo XIX.

modulan [mo•du•lan] / modulate
   v. modular Cambiar de tono al hablar o cantar. *ej.* Los actores modulan su voz. *sin.* entonan.

mofó [mo•fó] / sneered
   v. mofar Burlarse con desprecio de alguien o de algo. *ej.* Lucía se mofó de mi vestido sencillo que llevé a la fiesta. *sin.* rió, ridiculizó. *ant.* elogió, respetó.

M m

mogollón

mogollón [mo•go•llón] / busybody
s. Persona que se entromete donde no la llama. *ej.* El mogollón apareció en la fiesta sin ser invitado. *sin.* gorrón, aprovechado.

mohoso [mo•ho•so] / moldy
adj. Que está cubierto de moho o de hongos. *ej.* El baúl encontrado en el fondo de la bahía está mohoso. *sin.* herrumbroso. *ant.* perfecto.

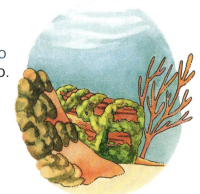

molesto [mo•les•to] / irritated
adj. Que siente enfado por algo o alguien que causa molestia. *ej.* Estoy molesto por lo que dijiste de mi amigo. *sin.* ofendido, disgustado. *ant.* complacido, encantado.

monda [mon•da] / peel
v. mondar Quitar la cáscara o la vaina a una fruta o legumbre. *ej.* Alicia monda las manzanas para preparar el pastel. *sin.* pela.

monótono [mo•nó•to•no] / monotonous
adj. Cuando algo no tiene variedad, que es rutinario. *ej.* Marcel tocaba el tambor con un sonido monótono.

montículo [mon•tí•cu•lo] / mound
s. Elevación pequeña de terreno. *ej.* El pitcher se paró con resolución en el montículo y se concentró para lanzar la bola.

montura [mon•tu•ra] / frame
s. Armadura donde se colocan los cristales de las gafas. *ej.* Se mandó hacer una montura pequeña y redonda para sus anteojos.

moraban [mo•ra•ban] / dwelled
v. morar Habitar o vivir en un lugar. *ej.* Los primos moraban en otro país hasta que decidieron emigrar.

muchedumbre

M m

moraleja [mo•ra•le•ja] / moral of a story
s. Enseñanza que se obtiene de una narración. *ej.* Las fábulas tienen siempre al final una moraleja. *sin.* lección.

morteros [mor•te•ros] / mortar
s. Utensilios en forma de vaso para machacar sustancias. *ej.* El científico mezcló los ingredientes en el mortero.

mortífera [mor•tí•fe•ra] / deadly
adj. Que puede causar la muerte. *ej.* La serpiente dio una mordida mortífera a su presa.

mortuorias [mor•tuo•rias] / mortuary
s. Preparativos para enterrar a los muertos. *ej.* En algunas culturas antiguas se enterraba a los muertos en cámaras mortuorias.

moteados [mo•tea•dos] / spotted
adj. Que una tela está salpicada de motas. *ej.* Usamos unos disfraces hechos con paños moteados.

motín [mo•tín] / mutiny
s. Levantamiento popular contra la autoridad. *ej.* Hubo un motín en el barco y apresaron al capitán.

motivación [mo•ti•va•ción] / motivate
s. Tener una razón o causa para hacer las cosas. *ej.* Su motivación era ganar el primer lugar de la carrera. *sin.* finalidad. *ant.* desaliento.

muchedumbre [mu•che•dum•bre] / crowd
s. Gran cantidad de personas. *ej.* La muchedumbre se arremolinó en las puertas del estadio. *sin.* multitud.

163

M m

mulle

mulle [mu•lle] / fluff up
v. mullir Ahuecar algo para que quede blando y suave.
ej. Mulle la almohada para que puedas dormir a gusto.
sin. ablanda. *ant.* endurece.

multicultural [mul•ti•cul•tu•ral] / multicultural
adj. Que está formado por varias culturas o costumbres. *ej.* Estados Unidos es un país multicultural, con gente que llega de todo el mundo.

municiones [mu•ni•cio•nes] / ammunitions
s. Carga de las armas de fuego. *ej.* El sargento ordenó descargar las municiones de las armas. *sin.* pertrechos.

murales [mu•ra•les] / murals
s. Pinturas que se realizan sobre un muro. *ej.* Pintamos varios murales en las paredes del edificio de la escuela.

murmuró [mur•mu•ró] / murmured
v. murmurar Hablar de una manera que casi no se escucha.
ej. "Tengo una sorpresa para ti", murmuró mi abuelo cerca de mi oreja. *sin.* susurró.

murriosa [mu•rrio•sa] / sad
adj. Que siente tristeza o melancolía.
ej. Cuando te fuiste, me quedé sola y murriosa en el puerto.

mustia [mus•tia] / gloomy
adj. Que está abatida y se siente melancólica o triste. *ej.* Me puse toda mustia luego de la mala noticia.
sin. lánguida. *ant.* alegre.

mutuamente [mu•tua•men•te] / mutually
adv. Que se intercambia entre dos personas en forma respectiva.
ej. Los hermanos se saludaron mutuamente con un gran abrazo.

nervioso

N n

nacarado [na•ca•ra•do] / **pearly**
adj. Que tiene un aspecto parecido al nácar. *ej.* Mi abuela me regaló un pequeño cofre de un color nacarado que perteneció a su madre.

nativas [na•ti•vas] / **natives**
adj. Que nacieron en el país en que viven. *ej.* El maple es un árbol nativo de Canadá.

náusea [náu•sea] / **nausea**
s. Que se sienten ganas de vomitar. *ej.* Comió tanto que sintió náusea. *sin.* asco. *ant.* agrado.

neblinoso [ne•bli•no•so] / **foggy**
adj. Cuando un lugar está lleno de neblina o niebla densa. *ej.* Cuando el barco llegó, el pueblo neblinoso apenas se veía. *sin.* brumoso. *ant.* despejado.

necio [ne•cio] / **foolish**
adj. y *s.* Persona que es imprudente o terca. *ej.* El muy necio siguió maltratando los árboles. *sin.* tonto. *ant.* listo.

nefasto [ne•fas•to] / **ill-fated**
adj. Que causa una desgracia. *ej.* Un día nefasto el caballo se perdió en el campo. *sin.* funesto. *ant.* dichoso.

negociable [ne•go•cia•ble] / **negotiable**
adj. Que se puede comprar o vender. *ej.* La libertad de nuestro país no es negociable.

nervioso [ner•vio•so] / **nervous**
adj. Cuando alguien está inquieto por algo y no puede estar tranquilo en un solo lugar. *ej.* Hoy amanecí nervioso por la llegada de la tía Nora. *sin.* intranquilo. *ant.* sosegado.

N n

neurasténico

neurasténico [neu•ras•té•ni•co] / neurasthenic
adj. Enfermo que padece de depresión y abatimiento. *ej.* Cuando Javier estaba neurasténico, lloraba por todo.

neutros [neu•tros] / neuters
adj. Que no está determinados o que están indefinidos. *ej.* El beige y el blanco son colores neutros. *sin.* neutrales. *ant.* definidos.

Persona u opinión que es imparcial. *ej.* Los árbitros toman decisiones **neutras**.

níveas [ní•veas] / snowy
adj. Semejantes a la nieve. *ej.* Sus níveas manos relucían en la noche.

nobles [no•bles] / nobles
adj. Acciones que son sobresalientes, de beneficio para muchos. *ej.* Atender a los ilustres invitados era una de sus nobles intenciones. *sin.* generosas. *ant.* indignas.

noción [no•ción] / notion
s. Conocimiento que se tiene de algo. *ej.* Mis abuelos no tenían noción de las computadoras. *sin.* idea. *ant.* ignorancia.

nocivas [no•ci•vas] / harmful
adj. Que son perjudiciales, que causan daño. *ej.* Las golosinas en exceso pueden ser nocivas para la salud. *sin.* malas. *ant.* benéficas.

nodriza [no•dri•za] / wet nurse
s. Mujer que amamanta a un niño ajeno. *ej.* Mi nodriza me alimentó hasta los siete meses de edad.

ñandú **Ñ ñ**

nódulos [nó•du•los] / nodules
s. Cuerpos pequeños que se forman en un tejido. *ej.* Sentí los nódulos en la trompa del elefante.

nómadas [nó•ma•das] / nomads
adj. Personas que no tienen un domicilio fijo. *ej.* La búsqueda de trabajo en los campos, hace que muchas familias sean nómadas. *sin.* errantes. *ant.* sedentarias.

nonagenario [no•na•ge•na•rio] / nonagenarian
adj. y *s.* Persona que tiene una edad entre los noventa y los noventa y nueve años. *ej.* Mi abuelo es nonagenario, pero aún conserva la sonrisa pícara de su juventud. *sin.* noventón.

nostalgia [nos•tal•gia] / homesickness
s. Recuerdo triste o melancólico que se tiene de un hecho del pasado. *ej.* Siento nostalgia por los buenos amigos que dejé en mi país natal. *sin.* añoranza. *ant.* alegría.

novelista [no•ve•lis•ta] / novelist
s. Autor que escribe novelas. *ej.* El novelista Scott escribió obras acerca de la caballería.

nudillo [nu•di•llo] / knuckle
s. Parte de los dedos de la mano. *ej.* Tocó la puerta con el nudillo de la mano.

nudosos [nu•do•sos] / knotty
adj. Que tiene nudos o abultamientos. *ej.* El animal parecía tener unos tejidos nudosos en las patas.

ñandú [ñan•dú] / nandu
s. Ave parecida al avestruz que vive en América del Sur. *ej.* El ñandú es un ave que no vuela.

objeciones

objeciones [ob•je•cio•nes] / **objections**
s. Argumentos con que uno se opone a algo. *ej.* Señaló varias objeciones para no asistir a la fiesta. *sin.* observaciones.

obsidiana [ob•si•dia•na] / **obsidian**
s. Piedra mineral de color negro. *ej.* Algunos indígenas usaban la obsidiana como cuchillo.

obstinadamente [obs•ti•na•da•men•te] / **stubborn**
adv. Hacer algo con constancia y tenacidad. *ej.* Cada cumpleaños pidió obstinadamente una bicicleta hasta que se la regalaron. *sin.* empecinadamente. *ant.* tolerantemente.

ocasionales [o•ca•sio•na•les] / **occasional**
adj. Acciones que ocurren de vez en vez. *ej.* Manuel hace visitas ocasionales a sus amigos. *sin.* eventuales. *ant.* frecuentes.

ocio [o•cio] / **leisure**
s. Tiempo libre que tiene una persona. *ej.* Los momentos de ocio se pueden disfrutar en la playa. *sin.* descanso. *ant.* trabajo.

ocular [o•cu•lar] / **ocular**
adj. Que está relacionado con los ojos. *ej.* El doctor me hizo una revisión ocular para determinar cómo está mi vista.

ofendido [o•fen•di•do] / **offended**
adj. Sentimiento de molestia después de recibir una ofensa o insulto. *ej.* Ofendido por sus comentarios, Jaime decidió no volverle a hablar. *sin.* agraviado. *ant.* congraciado.

oferta [o•fer•ta] / **offer**
s. Lo que se ofrece por algo que está a la venta. *ej.* Tengo una oferta de sólo un dólar por este juguete, ¿quién da más? *sin.* ofrecimiento.

oficial [o•fi•cial] / official
adj. Que tiene validez porque está reconocido por una autoridad.
ej. El vocero dio la noticia oficial de la construcción de una carretera que beneficiará a nuestro condado.

oficiar [o•fi•ciar] / officiate
v. Actuar en el papel que se indica. *ej.* La maestra me pidió oficiar como maestro de ceremonias en la entrega de premios.

ofrenda [o•fren•da] / offering
s. Regalo o favor que se da como muestra de agradecimiento.
ej. Llevamos una ofrenda de flores blancas al monumento de Washington.

olfatear [ol•fa•tear] / sniff
v. Oler con insistencia. *ej.* El gato comenzó a olfatear su comida a lo lejos. *sin.* oliscar.

oliente [o•lien•te] / fragrant
adj. Persona, animal o cosa que tiene un olor. *ej.* Trajo un oliente platillo de carne.

omite [o•mi•te] / omit
v. omitir Dejar de decir o hacer una cosa. *ej.* El comentarista deportivo omite hablar de la derrota del equipo local. *sin.* elude.
ant. incluye.

ondulantes [on•du•lan•tes] / wavy
adj. Que ondula o forma ondas.
ej. El dragón chino avanza con movimientos ondulantes durante el desfile. *sin.* serpenteantes.
ant. rectos.

opíparamente [o•pí•pa•ra•men•te] / plentiful
adv. Que se come de manera abundante y espléndida.
ej. Desayunamos opíparamente en el jardín de la casa.
sin. suculentamente. *ant.* escasamente.

oprimía [o•pri•mí•a] / oppress
   v. oprimir Hacer presión sobre algo. *ej.* El bombero oprimía el botón de emergencia y todos se preparaban para salir a apagar el fuego. *sin.* apretaba. *ant.* liberaba.

óptica [óp•ti•ca] / optical
   s. Lugar donde se fabrican y venden anteojos. *ej.* En la óptica compré los anteojos que necesitaba.

óptimo [óp•ti•mo] / optimum
   adj. Muy bueno, que no puede ser mejor. *ej.* El gimnasta consiguió un nivel óptimo para la competencia. *sin.* insuperable. *ant.* deplorable.

oquedades [o•que•da•des] / hollow
   s. Espacios vacíos en un cuerpo sólido. *ej.* Las hormigas viven en las oquedades del tronco del árbol. *sin.* huecos. *ant.* protuberancias.

ordinarios [or•di•na•rios] / ordinary
   adj. Cuando algo es común y corriente. *ej.* Esos pantalones de colores eran ordinarios, todos usaban el mismo modelo. *sin.* usuales. *ant.* inusuales.

orfelinato [or•fe•li•na•to] / orphanage
   s. Asilo o lugar donde viven los huérfanos. *ej.* Ana vivió en el orfelinato hasta que la adoptaron.

ornamentos [or•na•men•tos] / **ornament**
   s. Adornos que se colocan en las casas o construcciones. *ej.* Mi abuela decoró la casa con ornamentos propios de la Navidad. *sin.* decoraciones.

ortografía [or•to•gra•fí•a] / **spelling**
   s. Manera de escribir correctamente las palabras de una lengua. *ej.* Mi ortografía es buena porque siempre consulto el diccionario cuando tengo dudas de cómo se escribe una palabra.

ortopédicos [or•to•pé•di•cos] / **orthopedics**
   adj. Referente a la ortopedia, que es la parte de la medicina que corrige las deformaciones de los huesos y articulaciones del cuerpo humano. *ej.* Tuve que usar zapatos ortopédicos para corregir mi manera de caminar.

oseznos [o•sez•nos] / **cubs**
   s. Los cachorros del oso. *ej.* Los oseznos jugaban junto a su madre.

ovación [o•va•ción] / **ovation**
   s. Aplauso ruidoso que lanza un gran número de personas. *ej.* Al terminar el concierto, el pianista recibió una gran ovación. *sin.* aplauso. *ant.* abucheo.

ovni [ov•ni] / **ufo**
   s. Objeto volador de origen misterioso que algunas personas aseguran haber observado en el cielo. *ej.* Mi tío Pancho insiste con la historia de que vio un ovni volando alrededor de su rancho. ¿Será verdad?

oxidado [o•xi•da•do] / **rusted**
   adj. Cuerpo transformado por la acción del oxígeno. *ej.* El fierro oxidado es de color café. *sin.* mohoso. *ant.* brillante.

P p

pabellón

pabellón [pa•be•llón] /pavilion
s. Tienda de campaña que se sostiene con un palo grueso en el centro.
ej. En vacaciones acampamos bajo un enorme pabellón.

pabilo [pa•bi•lo] / candlewick
s. Mecha o hilo que tienen las velas para prenderlas. **ej.** Prende el pabilo de la vela y todo se iluminará.

pacen [pa•cen] / graze
v. pacer Cuando el ganado come la hierba del campo.
ej. Las ovejas pacen en el verde campo.

pacíficamente [pa•cí•fi•ca•men•te] / pacify
adv. Que actúa sin oposición de los demás. **ej.** Los rebeldes se rindieron pacíficamente. **sin.** tranquilamente. **ant.** alteradamente.

paladear [pa•la•dear] / savor
v. Tomar poco a poco el gusto de una cosa. **ej.** Déjame paladear esta deliciosa paleta de chocolate. **sin.** saborear. **ant.** despreciar.

palangana [pa•lan•ga•na] / basin
s. Recipiente ancho y poco profundo que sirve para el aseo personal.
ej. El hombre, para refrescarse del intenso calor, se lavó la cara en una palangana.

palcos [pal•cos] / box
s. Localidad con balcón en un teatro.
ej. Desde los palcos la familia disfrutó la ópera.

pancartas

P p

paleontólogos [pa•leon•tó•lo•gos] / **paleontologists**
s. Personas que estudian los seres orgánicos fosilizados.
ej. Los paleontólogos descubrieron los restos fósiles de un mamut en la montaña.

palidecer [pa•li•de•cer] / **turn pale**
v. Ponerse pálido o amarillento. *ej.* Cuando descubrieron mi travesura, comencé a palidecer de miedo. *sin.* demacrarme. *ant.* sonrojarme.

palio [pa•lio] / **lessen**
v. paliar Disminuir un sufrimiento físico o moral. *ej.* Como doctor, yo palio enfermedades.

palmoteando [pal•mo•tean•do] / **applauded**
v. palmotear Aplaudir o dar palmadas a algo o a alguien. *ej.* El público lo recibió palmoteando. *sin.* ovacionando. *ant.* abucheando.

palpar [pal•par] / **touch**
v. Tocar con las manos o con los dedos para reconocer algo o a alguien. *ej.* Con los ojos vendados, Pedro comenzó a palpar los muebles. *sin.* tantear.

palpitante [pal•pi•tan•te] / **beating**
adj. Cuando una parte del cuerpo palpita, se mueve interiormente.
ej. Un corazón palpitante está vivo.

pancartas [pan•car•tas] / **banners**
s. Carteles de cartón, papel o tela que se exhiben en actos públicos. *ej.* En el aeropuerto había pancartas de bienvenida a la campeona de tenis.

P p

pandemónium

pandemónium [pan•de•mó•nium] / pandemonium
s. Lugar donde hay mucho ruido y confusión. *ej.* El gimnasio estaba hecho un pandemónium después del triunfo del equipo. *sin.* confusión. *ant.* tranquilidad.

panel [pa•nel] / panel
s. Cartelera que se usa para poner propaganda. *ej.* En el panel aparece mi actor favorito.

Partes en que se divide una pared. *ej.* Coloca el papel tapiz en el **panel** de en medio.

panorama [pa•no•ra•ma] / panorama
s. Vista de un horizonte extendido. *ej.* El panorama nos dejaba ver toda la bahía.

paperas [pa•pe•ras] / mumps
s. Enfermedad que consiste en la inflamación de las glándulas parótidas. Es una enfermedad contagiosa que ataca especialmente a los niños. *ej.* Marisol enfermó de paperas y no vendrá a la escuela para no contagiarnos.

paraje [pa•ra•je] / place
s. Sitio que está alejado o solitario. *ej.* El auto quedó averiado en un paraje. Jorge se sentó a pensar qué hacer para llevarlo de regreso a la ciudad. *sin.* lugar.

paralizado [pa•ra•li•za•do] / paralyze
v. paralizar Que no se puede mover. *ej.* Tuve tanto miedo que quedé paralizado. *sin.* pasmado. *ant.* espabilado.

parasitarias [pa•ra•si•ta•rias] / parasitic
adj. Que viven a costa de otro animal o cosa. *ej.* Las plantas parasitarias se enredaron en el árbol. *sin.* dependientes. *ant.* independientes.

pasmado

P p

pardusco [par•dus•co] / drabbish
adj. Que tiene un color oscuro o pardo.
ej. El perro tenía las orejas blancas y el cuerpo pardusco.

parentesco [pa•ren•tes•co] / relationship
s. Enlace por ser un familiar o ser muy parecidos. *ej.* Nuestro parentesco es por parte de nuestra madre. *sin.* lazo.

parloteaba [par•lo•tea•ba] /chatter
v. parlotear Hablar por hablar. *ej.* Alicia parloteaba tanto y sin sentido que me aturdió. *sin.* barboteaba. *ant.* enmudecía.

partidario [par•ti•da•rio] / supporter
s. Que sigue a una persona, idea o movimiento social. *ej.* Mi tío es partidario de los Lakers. *sin.* admirador. *ant.* enemigo.

partituras [par•ti•tu•ras] / score
s. Textos musicales para voz o instrumento. *ej.* Con las partituras, Mónica pudo interpretar la melodía con su violonchelo.

pasión [pa•sión] / passion
s. Afición muy fuerte hacia algo. *ej.* Su pasión por los libros lo llevó a ser un gran escritor. *sin.* delirio. *ant.* apatía.

pasmado [pas•ma•do] / captured
adj. Que está distraído o alelado ante algo. *ej.* Quedó pasmado ante la famosa modelo. *sin.* atónito. *ant.* inmutable.

patrimonio

patrimonio [pa•tri•mo•nio] / **patrimony**
s. Conjunto de bienes que son propios. *ej.* Nuestro patrimonio son estas canicas de colores. *sin.* riqueza.

patriotas [pa•trio•tas] / **patriots**
s. Personas que aman a su patria y quieren serle útiles. *ej.* Los patriotas fueron condecorados el Cuatro de Julio, día de la Independencia de Estados Unidos.

patrocinaba [pa•tro•ci•na•ba] / **sponsored**
v. patrocinar Cuando una empresa paga los gastos de un programa de TV o radio a fin de obtener publicidad a cambio. *ej.* Esta empresa patrocinaba el show de los niños cantores. *sin.* financiaba.

patrullaban [pa•tru•lla•ban] / **patrolled**
v. patrullar Prestar servicio de patrulla o vigilancia. *ej.* Los pastores patrullaban la zona para proteger a las ovejas de los lobos.
sin. rondaban. *ant.* descuidaban.

paulatinamente [pau•la•ti•na•men•te] / **gradually**
adj. Que se realiza una acción poco a poco. *ej.* El gusano subió paulatinamente el tronco del árbol. *sin.* pausadamente. *ant.* rápidamente.

pavonearse [pa•vo•near•se] / **show off**
v. pavonear Presumir de algo. *ej.* A Berenice le encanta pavonearse con su nuevo vestido. *sin.* ostentar. *ant.* moderarse.

pavorosa [pa•vo•ro•sa] / **terrifying**
adj. Que causa pavor. *ej.* Me mostró la foto de una criatura pavorosa. *sin.* terrorífica. *ant.* agradable.

penetrante P p

peatonales [pe•a•to•na•les] / pedestrians
adj. Que se refieren o son para uso exclusivo de los peatones.
ej. Los caminos peatonales tienen bancas para descansar.

peculiaridades [pe•cu•lia•ri•da•des] / peculiarities
s. Las características que son propias de cada persona o cosa.
ej. Las peculiaridades de Ramona la volvieron famosa.
sin. singularidades. *ant.* generalidades.

pedante [pe•dan•te] / pedantic
adj. Que presume de su conocimiento de un modo imprudente.
ej. Eugenio nos platicó acerca de las constelaciones de modo pedante. *sin.* vanidoso. *ant.* modesto.

pelmaza [pel•ma•za] / bore
adj. Persona que es inoportuna y que causa molestia. *ej.* Aunque es una pelmaza, Beatriz es una buena persona.

pencas [pen•cas] / cactus leaf
s. Hojas carnosas de algunas plantas.
ej. El nopal se protege con espinas, pero de sus pencas brotan flores grandes de muchos pétalos.

pendenciero [pen•den•cie•ro] / quarrelsome
adj. Persona que tiende a reñir con los demás. *ej.* Al pendenciero de Pedro le gusta pelearse con todos.

pendiente [pen•dien•te] / slope
s. Que se encuentra inclinado o en declive. *ej.* El perro rodó por la pendiente y cayó en el río.
sin. cuesta.

Asunto que está por resolverse. *ej.* Queda **pendiente** ir a la biblioteca.

penetrante [pe•ne•tran•te] / penetrating
adj. Que es agudo, penetra mucho. *ej.* Su mirada penetrante parecía atravesar las paredes. *sin.* profunda. *ant.* suave.

P p

pensión

pensión [pen•sión] / pension
s. Dinero que se recibe a modo de renta. *ej.* Con su pensión, mis abuelos viven con holgura. *sin.* jubilación.

Casa donde se reciben huéspedes. *ej.* Daniel vive en la **pensión** de estudiantes.

peón [pe•ón] / laborer
s. Obrero que realiza un trabajo no especializado. *ej.* El peón construyó la pared de ladrillo.

percataban [per•ca•ta•ban] / notice
v. percatar Darse cuenta de algo. *ej.* Poco a poco se percataban de que habían tomado el camino equivocado. *sin.* advertían. *ant.* ignoraban.

perceptivas [per•cep•ti•vas] / perceptive
v. percibir Que capta las características de una cosa. *ej.* Sus capacidades perceptivas le salvaron la vida.

percusionista [per•cu•sio•nis•ta] / percussionist
s. Persona que toca un instrumento de percusión. *ej.* El percusionista tocó la batería con entusiasmo.

perecieron [pe•re•cie•ron] / perished
v. perecer Acción de acabar, dejar de existir. *ej.* Los mamuts perecieron en la Era de Hielo. *sin.* desaparecieron. *ant.* nacieron.

peregrinación [pe•re•gri•na•ción] / pilgrimage
v. peregrinar Grupo que viaja por tierras extrañas. *ej.* La peregrinación llegó a Santiago de Compostela.

perspectiva

periferia [pe•ri•fe•ria] / **periphery**
s. Espacio que rodea el centro de una ciudad. *ej.* Mi amiga Laura vive en la periferia de la ciudad. *sin.* suburbio. *ant.* centro.

perilla [pe•ri•lla] / **pear-shaped object**
s. El picaporte de una puerta. *ej.* Raúl giró la perilla de la puerta y entró.

perjudicado [per•ju•di•ca•do] / **harm**
v. perjudicar Ocasionar un daño material o moral. *ej.* El pueblo se vio perjudicado por el paso del huracán. *sin.* afectado. *ant.* beneficiado.

permanente [per•ma•nen•te] / **permanent**
adj. Que permanece o se mantiene en un lugar o que mantiene su misma calidad. *ej.* La cicatriz sería una prueba permanente de su valentía.

perplejo [per•ple•jo] / **perplexed**
adj. Que se muestra confuso ante algo inesperado. *ej.* La encrucijada que había en el camino dejó a Luis perplejo, sin saber qué ruta seguir. *sin.* vacilante. *ant.* seguro.

perseverancia [per•se•ve•ran•cia] / **perseverance**
s. Que es constante para alcanzar un objetivo. *ej.* Con perseverancia llegarás a ser un músico famoso. *sin.* tenacidad. *ant.* inconstancia.

perspectiva [pers•pec•ti•va] / **perspective**
s. Arte de representar los objetos tal como los percibe la vista. *ej.* La perspectiva del cuadro lo volvía muy realista.

perspicaces

perspicaces [pers•pi•ca•ces] / perceptive
adj. De ingenio agudo y penetrante. *ej.* No podrás engañar a esos niños porque son muy perspicaces. *sin.* astutos. *ant.* torpes.

persuadir [per•sua•dir] / persuade
v. Convencer a alguien para hacer algo. *ej.* Logró persuadir a Amanda de que no cruzara el puente. *sin.* inducir. *ant.* disuadir.

pertenencias [per•te•nen•cias] / belongings
s. Cosas que son propiedad de alguien. *ej.* Julián se marchó con sus pertenencias: una poca de ropa, varios libros y muchas ilusiones de ser un escritor famoso. *sin.* bienes. *ant.* carencias.

pertinentes [per•ti•nen•tes] / pertinent
adj. Que son oportunos y adecuados. *ej.* El silencio y la tranquilidad son pertinentes en una biblioteca. *sin.* apropiados. *ant.* inoportunos.

perturban [per•tur•ban] / disturb
v. perturbar Producir inquietud en una persona o lugar. *ej.* Las fiestas de los nuevos vecinos perturban la tranquilidad del vecindario. *sin.* alteran. *ant.* suavizan.

pesimista [pe•si•mis•ta] / pessimist
adj. Persona que sólo ve el lado más desfavorable de las cosas. *ej.* No seas pesimista, también hubo momentos buenos en el viaje. *sin.* desalentado. *ant.* optimista.

pésimo [pé•si•mo] / awful
adj. Que es muy malo. *ej.* Eduardo es un pésimo contador de chistes. *sin.* deplorable. *ant.* excelente.

pilotes

P p

pesticidas [pes•ti•ci•das] / pesticides
s. Productos que eliminan las plagas en animales y vegetales.
ej. Los pesticidas acaban con los insectos de las plantas.

petate [pe•ta•te] / sleeping mate
s. Esterilla de palma que se usa para dormir sobre ella. *ej.* Durante su investigación, la arqueóloga durmió sobre un petate.

petrificada [pe•tri•fi•ca•da] / petrified
v. petrificar Dejar a alguien paralizado por el asombro. *ej.* Cuando su amigo la miró a los ojos ella quedó petrificada. *sin.* inmovilizada. *ant.* ablandada.

picardía [pi•car•dí•a] / naughtiness
s. Actuar con habilidad y simulación. *ej.* Su picardía le ocasionó que algunos de sus amigos se alejaran de él. *sin.* astucia. *ant.* ingenuidad.

pictórica [pic•tó•ri•ca] / pictorial
adj. Que está relacionado con la pintura. *ej.* El Museo de Arte Moderno presentará una muestra pictórica del siglo XX.

pillado [pi•lla•do] / catch
v. pillar Sorprender a alguien en determinada situación. *ej.* Habían pillado al topo en plena huida. *sin.* atrapar. *ant.* liberar.

pilotes [pi•lo•tes] / pile
s. Piezas de madera o metal que se encajan en la tierra para sostener los cimientos. *ej.* La escuela está construida sobre unos poderosos pilotes.

pimpollo [pim•po•llo] / bud
s. Tallo nuevo de las plantas. *ej.* Eres tan tierna como un pimpollo.

pinchó [pin•chó] / pricked
v. **pinchar** Que un objeto puntiagudo se clavó en un cuerpo u objeto blando. *ej.* María se pinchó el dedo al cortar las rosas de su jardín. *sin.* punzó.

pintorescas [pin•to•res•cas] / picturesque
adj. Personas, situaciones o temas que son originales o extravagantes. *ej.* Sus frases pintorescas nos divierten mucho. *sin.* graciosas. *ant.* monótonas.

pionero [pio•ne•ro] / pioneer
s. Que son los primeros en hacer algo. *ej.* Nosotros fuimos pioneros en usar la energía atómica.

Qué + significa
El que abre camino explorando nuevas tierras. *ej.* Los **pioneros** conocieron a los nativos de estas tierras.

piragua [pi•ra•gua] / long canoe
s. Embarcación que es más larga que una canoa. *ej.* Avanzamos por el río en una piragua.

pirueta [pi•rue•ta] / pirouette
s. Giro completo del cuerpo que se da con gracia. *ej.* El payaso dio tres piruetas que hicieron reír a los niños.

pistones [pis•to•nes] / pistons
s. Discos en el interior de una bomba para comprimir y dejar fluir un líquido. *ej.* Limpiamos los pistones del auto.

pizcadores [piz•ca•do•res] / harvester
s. Personas que cosechan maíz o algodón. *ej.* Trabajamos como pizcadores en el norte y sur del país.

plegaria

P p

plácidamente [plá•ci•da•men•te] / placidly
adv. Cuando alguien o algo se queda quieto o sosegado. *ej.* El gato duerme plácidamente sobre el sofá. *sin.* apaciblemente. *ant.* incómodamente.

plafón [pla•fón] / plafond
s. Adorno que se pone en los techos, paredes o focos. *ej.* El plafón del techo de la sala está decorado con elegancia.

plagados [pla•ga•dos] / infested
v. plagar Que se encuentran llenos de una cosa. *ej.* Los árboles estaban plagados de mariposas. *sin.* cubiertos.

planificación [pla•ni•fi•ca•ción] / planning
v. planificar Establecer un plan para realizar una acción. *ej.* Con la planificación lograremos terminar el trabajo a tiempo. *sin.* organización.

plantación [plan•ta•ción] / plantation
s. Cultivo grande de una planta. *ej.* La plantación de algodón es el orgullo del agricultor.

plataforma [pla•ta•for•ma] / stage
s. Superficie que está elevada del suelo. *ej.* Los bailarines subieron a la plataforma y comenzaron el espectáculo. *sin.* tablado.

plegaria [ple•ga•ria] / prayer
s. Oración o rezo hacia una divinidad. *ej.* Lanzó una plegaria para que encontraran a su mascota preferida. *sin.* ruego. *ant.* maldición.

Qué + significa
El motivo o pretexto para conseguir un objetivo. *ej.* Una ciudad limpia era nuestra **plataforma** para convencerlos.

plenamente

plenamente [ple•na•men•te] / full
adv. De modo completo, que no hay duda alguna. *ej.* Estoy plenamente convencido de que ganaremos el partido.

pocilga [po•cil•ga] / pigsty
s. Establo donde viven los puercos. *ej.* En la pocilga los cerdos comían contentos. *sin.* corral.

poderoso [po•de•ro•so] / mighty
adj. Persona que tiene mucho poder e influencia. *ej.* Venimos de parte del poderoso rey a darles apoyo. *sin.* omnipotente. *ant.* miserable.

podio [po•dio] / podium
s. Plataforma donde se coloca a las personas para premiarlas por sus méritos o triunfos. *ej.* Finalmente, Dalia subió al podio de los ganadores con su medalla de oro colgada del cuello.

poliomielitis [po•lio•mie•li•tis] / poliomyelitis
s. Enfermedad que inflama la médula y provoca parálisis de las piernas. *ej.* La poliomielitis puede evitarse con vacunas.

poncho [pon•cho] / poncho
s. Prenda a modo de abrigo con una abertura para pasar el cuello. *ej.* Me protegí del frío con el poncho de mi primo.

ponchó [pon•chó] / puncture
v. ponchar Cuando se pincha la rueda de un automóvil. *ej.* Al auto de Raquel se le ponchó una rueda en pleno tráfico.

póngido [pón•gi•do] / ape
s. Mamífero primate sin cola, como el chimpancé. *ej.* Los póngidos viven en la selva.

porras [po•rras] / **cheers**
   s. Frases con ritmo para dar ánimo y apoyo. *ej.* Las muchachas echaban porras a su equipo.

portavoz [por•ta•voz] / **spokesman**
   s. Quien habla a la comunidad en nombre de una autoridad o un grupo. *ej.* El portavoz expuso los deseos del club. *sin.* vocero.

Qué + significa

Cilindro de caucho usado por la policía. *ej.* El policía amenazó al ladrón con su **porra**.

portuaria [por•tua•ria] / **port**
   adj. Que se refiere a un puerto o lugar adonde llegan los barcos. *ej.* El barco se acercó a la caseta portuaria.

posadero [po•sa•de•ro] / **innkeeper**
   s. Quien tiene una casa de huéspedes. *ej.* El posadero les ofreció un cuarto y un baño con agua caliente.

pospuso [pos•pu•so] / **delayed**
   v. posponer Retrasar la realización de algo. *ej.* El concierto al aire libre se pospuso hasta que dejara de llover. *sin.* postergó. *ant.* adelantó.

posta [pos•ta] / **posthouse**
   s. Caballerizas o lugar donde se refugiaban los caballos usados en el recorrido de una diligencia. *ej.* El mensajero cambió de caballo en la posta y continuó su camino.

postigos [pos•ti•gos] / **shutters**
   v. Puertas pequeñas que cierran los cristales de una ventana o balcón. *ej.* En la noche cerramos los postigos de las ventanas.

P p

postura

postura [pos•tu•ra] / posture
s. Modo en que se mantiene una persona, animal o cosa.
ej. Mantener la espalda derecha es una postura adecuada.
sin. posición.

potencial [po•ten•cial] / potential
adj. Que es posible, que puede suceder. *ej.* Los volcanes activos son un peligro potencial. *sin.* latente. *ant.* improbable.

precaria [pre•ca•ria] / precarious
adj. Cosa que tiene poca estabilidad o duración. *ej.* La condición del jardín marchito es precaria y pronto desaparecerá.
sin. transitoria. *ant.* estable.

precavido [pre•ca•vi•do] / cautious
adj. Persona que actúa de modo prudente.
ej. Jorge abrió la puerta muy precavido para no despertar a nadie. *sin.* cauteloso.
ant. confiado.

precediendo [pre•ce•dien•do] / preceding
v. preceder Estar una persona en un cargo de más categoría que otra. *ej.* Ernesto estaba precediendo a Mario en la reunión.
sin. adelantar. *ant.* suceder.

preciadas [pre•cia•das] / valued
adj. Que son valiosas, que merecen ser estimadas. *ej.* Las joyas son muy preciadas por su madre. *sin.* estimadas.
ant. despreciables.

precipicio [pre•ci•pi•cio] / precipice
s. Declive alto y profundo en un terreno.
ej. Roberto lanzó una piedra por el precipicio. *sin.* despeñadero. *ant.* planicie.

presión

P p

predicador [pre•di•ca•dor] / **preacher**
   s. Persona que predica o da un sermón. *ej.* El predicador dio una plática sobre la Navidad.

predominantemente [pre•do•mi•nan•te•men•te] / **predominately**
   adv. Que tiene mayor cantidad de algo.
   ej. Este pastel es predominantemente de chocolate.

prehistoria [pre•his•to•ria] / **prehistory**
   s. Periodo de la humanidad que va desde la aparición del hombre hasta los primeros textos escritos. *ej.* Los dinosaurios pertenecen a la prehistoria.

prejuicios [pre•jui•cios] / **prejudice**
   s. Opiniones negativas que se tienen desde antes sobre algo.
   ej. Los europeos tienen prejuicios sobre la gente extraña y no quieren hablarles. *sin.* escrúpulos. *ant.* imparcialidad.

preludio [pre•lu•dio] / **prelude**
   s. Lo que sirve de entrada a una cosa. *ej.* Las flores fueron el preludio de su declaración de amor.
   sin. principio. *ant.* final.

preservar [pre•ser•var] / **preserve**
   v. Cuidar a alguien o algo de un daño.
   ej. Ayudemos a preservar a las ballenas.

presión [pre•sión] / **pressure**
   s. Apretar o comprimir una cosa.
   ej. Al hacer presión, se abrió la puerta.

P p

prestigiosos

prestigiosos [pres•ti•gio•sos] / **prestigious**
adj. Personas o lugares que son considerados buenos por los demás. *ej.* Los autos más prestigiosos llegaron a la carrera. *sin.* afamados. *ant.* insignificantes.

prevenciones [pre•ven•cio•nes] / **preventions**
s. Conjunto de medidas para evitar un mal. *ej.* Nos dieron un folleto con prevenciones de accidentes en carreteras. *sin.* precauciones.

prima [pri•ma] / **leading lady**
s. Artista femenina que es la principal en una ópera o espectáculo. *ej.* La prima bailarina estrenó su nuevo ballet.

primicia [pri•mi•cia] / **first appearance**
s. Noticia que se hace pública por primera vez. *ej.* El reportero obtuvo la primicia del retiro del famoso beisbolista.

primogénito [pri•mo•gé•ni•to] / **first-born**
s. El hijo que nace primero. *ej.* Yo soy el primogénito de mi familia.

primordial [pri•mor•dial] / **primordial**
adj. Aquello que es esencial o básico para la existencia de algo más. *ej.* Para los deportistas es primordial alimentarse sanamente. *sin.* fundamental. *ant.* secundario.

pringas [prin•gas] / **dirty**
s. Cosas grasientas y pegajosas que ensucian. *ej.* Cuando mi hermana prepara la cena, la estufa queda llena de pringas. *sin.* manchas.

prioridad [prio•ri•da•d] / priority
s. Cuando una cosa va en primer lugar en importancia.
ej. Mi prioridad es salvar al mundo de la contaminación del aire.

privilegio [pri•vi•le•gio] / privilege
s. Gracia u oportunidad dada a una persona o grupo. *ej.* Tenemos el privilegio de viajar en el asiento del copiloto en este auto de carreras. *sin.* concesión. *ant.* desventaja.

pro [pro] / pro
s. Cuando algo se hace en favor de otro. *ej.* El comité pro salud consiguió comprar una ambulancia.

procesión [pro•ce•sión] / procession
s. Hilera de personas, animales o vehículos que van de un lugar a otro *ej.* Una procesión de escarabajos entró a la sala. *sin.* desfile.

prodigioso [pro•di•gio•so] / marvelous
adj. Que es extraordinario, fuera de lo común. *ej.* Éste es un invento prodigioso. *sin.* asombroso. *ant.* ordinario.

proeza [pro•e•za] / feat
s. Hazaña o acción llena de valor. *ej.* Julián realizó la proeza de volar en paracaídas. *sin.* audacia. *ant.* cobardía.

progenitores [pro•ge•ni•to•res] / parents
s. El padre y la madre de alguien. *ej.* Los progenitores cuidan y educan a sus hijos.

P p

prójimo

prójimo [pró•ji•mo] / fellow man
s. Nombre que se le da a quien se considera igual a uno. *ej.* Trata a tu prójimo como quisieras que te trataran a ti. *sin.* semejante. *ant.* diferente.

pronunciar [pro•nun•ciar] / pronounce
v. Articular sonidos para hablar. *ej.* El edificio era tan enorme que no pude pronunciar palabra. *sin.* emitir. *ant.* callar.

propagan [pro•pa•gan] / spread
v. propagar Cuando algo se esparce o difunde por un lugar. *ej.* En un incendio forestal, las llamas se propagan con rapidez. *sin.* expanden. *ant.* obstruyen.

propulsión [pro•pul•sión] / propulsion
v. propulsar Que empuja algo hacia adelante. *ej.* Este avión es de propulsión a chorro. *sin.* impulso. *ant.* detención.

prosiguió [pro•si•guió] / continue
v. proseguir Continuar lo que se tenía empezado. *ej.* La mujer prosiguió con el tejido que había iniciado ayer. *sin.* siguió. *ant.* interrumpió.

prosperaron [pros•pe•ra•ron] / prospered
v. prosperar Tener buena suerte o éxito en una actividad o negocio. Mejorar la posición social o económica de alguien. *ej.* Los negocios de la ciudad prosperaron con el desarrollo de la industria de las computadoras. *sin.* progresaron. *ant.* fracasaron.

protagonista
[pro•ta•go•nis•ta] / main figure

s. Personaje principal de una obra. *ej.* Elsa quiso ser la protagonista de la obra *Romeo y Julieta*.

Persona que tiene la parte principal en un asunto. *ej.* César fue **protagonista** del incendio.

prototipo [pro•to•ti•po] / prototype

s. Cuando algo sirve como modelo para hacer otros.
ej. Este robot es el prototipo de un dinosaurio.
sin. molde. *ant.* copia.

protuberancia [pro•tu•be•ran•cia] / protuberance

s. Elevación en forma redonda. *ej.* Laura está molesta por la protuberancia que le salió en una mejilla, justo el día de la fiesta de graduación. *sin.* absceso.

proverbios [pro•ver•bios] / proverbs

s. Sentencias o refranes que se dicen para dar una enseñanza.
ej. Los proverbios eran cantados en la antigüedad.

proyecciones [pro•yec•cio•nes] / projections

s. Imágenes formadas en una pantalla.
ej. Haz proyecciones sobre una pantalla y verás figuras fantásticas.

prudentemente [pru•den•te•men•te] / prudent

adv. Cuando algo se realiza de modo moderado y razonado. *ej.* Me acerqué prudentemente a acariciar al oso.
sin. precavidamente.
ant. imprudentemente.

psíquico [psí•qui•co] / psychic
adj. Que está relacionado con el alma. *ej.* La música tuvo un efecto psíquico en Andrés y terminó calmándolo.

pulcra [pul•cra] / tidy
adj. Que está aseada y con buenos cuidados. *ej.* Su casa es blanca y pulcra. *sin.* limpia. *ant.* sucia.

pulir [pu•lir] / polish
v. Dar lustre o alisar una superficie.
ej. Andrés comenzó a pulir sus zapatos hasta que quedaron relucientes.
sin. lustrar. *ant.* ensuciar.

puntapié [pun•ta•pié] / kick
s. Golpe dado con la punta del pie. *ej.* Abrí la puerta con un puntapié. *sin.* patada.

punzada [pun•za•da] / shooting pain
s. Dolor que se repite de tiempo en tiempo. *ej.* Siento una punzada en mi muela, pronto tendré que ir con el dentista. *sin.* piquete.
ant. adormecimiento.

quilla [qui•lla] / keel
s. Pieza del barco en la que se coloca el armazón. *ej.* Del naufragio sólo quedó la quilla del barco.

quisquillosa [quis•qui•llo•sa] / oversensitive
adj. Cuando una persona es muy susceptible a lo que le rodea.
ej. Era tan quisquillosa que siempre usaba guantes. *sin.* delicada.
ant. indiferente.

R r

rabicaída [ra•bi•ca•í•da] / turn tail
adj. Animal que tiene el rabo caído. *ej.* La loba se marchó triste y rabicaída porque no encontraba comida.

rabillo [ra•bi•llo] / look out corner of eye
s. La orilla de los ojos, por la que se puede ver en forma disimulada.
ej. Vi pasar los payasos por el rabillo del ojo.

racial [ra•cial] / racial
adj. Que está relacionado con la raza o características físicas de los animales.
ej. Mis dos perros tienen una diferencia racial, uno es un collie y el otro es un doberman.

racismo [ra•cis•mo] / racism
s. Sentimiento de superioridad que tiene un grupo étnico sobre otro. *ej.* El racismo divide a la humanidad.

ráfaga [rá•fa•ga] / gust of wind
s. Viento fuerte que dura poco tiempo. *ej.* Una ráfaga de aire cerró puertas y ventanas. *sin.* racha.

rajá [ra•já] / rajah
s. Soberano o gobernante de la India.
ej. El rajá, sentado en su trono, piensa en la mejor manera de gobernar a su pueblo.

rala [ra•la] / sparse
adj. Cuando algo es poco espeso o es delgado. *ej.* El elefante tiene una cola rala. *sin.* esparcido. *ant.* tupido.

rampollos [ram•po•llos] / snipping
s. Porciones o partes pequeñas de algo. **ej.** La tía le dio a mamá varios rampollos de sus rosales.

ranuras [ra•nu•ras] / grooves
s. Hendiduras en una superficie. **ej.** Por las pequeñas ranuras el tiburón tomaba el aire que necesitaba.

raptaron [rap•ta•ron] / kidnapped
v. raptar Secuestrar a alguien o mantener a alguien oculto a cambio de una recompensa. **ej.** Los que raptaron a mi mascota ya fueron capturados. **sin.** arrebataron. **ant.** liberaron.

ras [ras] / leveled
s. Cuando dos cosas quedan al mismo nivel. **ej.** Llené el vaso de leche al ras y después me lo tomé.

rasando [ra•san•do] / skimmed
v. rasar Pasar rozando ligeramente un cuerpo con otro. **ej.** Mi cometa pasó rasando las copas de los árboles.

rastra [ras•tra] / travois
s. Tabla que sirve para cargar cosas y que se lleva arrastrando. **ej.** Los indígenas usan una rastra para transportar sus pieles.

rastreó [ras•treó] / track
v. rastrear Buscar algo guiándose por la huella que deja. **ej.** Paco rastreó el pescado desaparecido. Encontró al culpable: su gato Félix.

rauda [rau•da] / rapid
adj. Que avanza de modo rápido y veloz. **ej.** La paloma voló rauda hacia su nido.

recaudación

R r

reacio [re•a•cio] / **obstinate**
adj. Persona que muestra resistencia a hacer algo. *ej.* Antonio estaba reacio a comer sopa de verduras. *sin.* renuente. *ant.* predispuesto.

reactivamente [re•ac•ti•va•men•te] / **reactively**
adv. Que tiene una reacción o responde ante un estímulo. *ej.* El ingrediente químico respondió reactivamente y comenzó a burbujear.

realista [re•a•lis•ta] / **realistic**
adj. Persona que actúa de modo práctico. *ej.* Es tan realista que no cree en ningún cuento de hadas.

rebeló [re•be•ló] / **rebelled**
v. rebelar Resistir o estar en contra de algo que no agrada. *ej.* El pueblo se rebeló ante las injusticias. *sin.* sublevó. *ant.* obedeció.

rebosaban [re•bo•sa•ban] / **overflow**
v. rebosar Cuando algo sobrepasa o va más allá de sus límites. *ej.* Las amigas rebosaban de felicidad por los regalos que les darían sus padres. *sin.* desbordaban.

rebozos [re•bo•zos] / **shawls**
s. Mantos para cubrirse usados por las mujeres. *ej.* Mis tías se cubrieron del frío con sus rebozos de colores.

recaudación [re•cau•da•ción] / **collect**
s. Acción de recibir dinero por varios conceptos. *ej.* La recaudación servirá para construir el albergue. *sin.* colecta. *ant.* pago.

R r

reciclaje

reciclaje [re•ci•cla•je] / recycling
   v. reciclar Transformar los desechos de algo para aprovecharlos. *ej.* Guarda las botellas de vidrio para su reciclaje.

recién [re•cién] / recent
   adv. Que sucedió poco tiempo antes. *ej.* Recién llegué y ya me quiero regresar.

recíproca [re•cí•pro•ca] / reciprocal
   adj. Cuando un sentimiento o acción ocurre en ambas partes. *ej.* Nuestra amistad es recíproca, yo te quiero y tú me quieres. *sin.* mutua. *ant.* unilateral.

recital [re•ci•tal] / recital
   s. Concierto musical dado por un solo artista o lectura de poesía. *ej.* Ayer fui al recital de piano que dio mi hermana mayor.

reclamos [re•cla•mos] / claims
   v. reclamar Exigir o pedir algo a lo que se cree que se tiene derecho. *ej.* Tus reclamos son injustos, yo siempre te presto mis juguetes. *sin.* reproches. *ant.* concesiones.

recobró [re•co•bró] / recovered
   v. recobrar Cuando se vuelve a tener lo que se había perdido. *ej.* El parque recobró su aspecto anterior. *sin.* recuperó. *ant.* perdió.

recodo [re•co•do] / bend
   s. Ángulo o curva muy marcada que forman las calles, caminos o ríos. *ej.* El comisario esperaba a los asaltantes en un recodo del camino.

recolectores [re•co•lec•to•res] / pickers
s. Personas que se dedican a recoger la cosecha. *ej.* Ronaldo proviene de una familia de recolectores de café en Brasil.

reconfortado [re•con•for•ta•do] / comforted
v. reconfortar Animar o levantar el ánimo de alguien. *ej.* Cuando vi mi casa me sentí reconfortado, todo parecía en orden. La inundación no causó daños en ella. *sin.* consolado. *ant.* desalentado.

recopilar [re•co•pi•lar] / compile
v. Reunir en un lugar varias cosas. *ej.* Comencé a recopilar las fotos de la familia. *sin.* coleccionar. *ant.* dispersar.

récord [ré•cord] / record
s. Marca deportiva que supera las anteriores. *ej.* Rompimos el récord en la carrera de 100 metros.

recovecos [re•co•ve•cos] / nook
s. Sitios o lugares que están ocultos para los demás. *ej.* Buscaron el oro en los recovecos de la mina.

recrear [re•crear] / recreate
v. Alegrar o entretener a los demás. *ej.* Contratamos a un mago para recrear a los invitados. *sin.* deleitar. *ant.* aburrir.

recriminó [re•cri•mi•nó] / reproach
v. recriminar Reprochar a alguien por sus acciones o sentimientos. *ej.* Su amigo le recriminó que no lo hubiera invitado a su fiesta. *sin.* reprendió. *ant.* disculpó.

R r

redentora [re•den•to•ra] / **redeeming**
adj. Que libera a alguien de una obligación o castigo.
ej. Su acción redentora nos salvó del castigo.
sin. expiatoria. *ant.* sometedora.

refería [re•fe•rí•a] / **referred**
v. referir Narrar o relatar un suceso. *ej.* En mi carta, yo me refería a los viajes espaciales. *sin.* reseñaba. *ant.* callaba.

refinado [re•fi•na•do] / **refined**
adj. Cuando algo es exquisito y delicado. *ej.* Margarita tiene un gusto refinado en su vestir. *sin.* elegante. *ant.* vulgar.

reflexionó [re•fle•xio•nó] / **reflected**
v. reflexionar Pensar en algo con mucha atención. *ej.* El anciano reflexionó sobre su vida pasada. *sin.* meditó. *ant.* ignoró.

refugiados [re•fu•gia•dos] / **refugees**
s. Personas que buscan refugio o protección en otro país. *ej.* En una lancha llegaron los refugiados del país vecino.
sin. asilados. *ant.* repatriados.

refunfuñó [re•fun•fu•ñó] / **grumble**
v. refunfuñar Hablar entre dientes en señal de enojo o desagrado.
ej. Javier refunfuñó cuando su padre se negó a comprarle el videojuego de moda. *sin.* rezongó. *ant.* aceptó.

regañadientes [re•ga•ña•dien•tes] / **reluctantly**
loc. adv. Hacer algo de mala gana. *ej.* Alicia obedeció a su madre a regañadientes porque no quería limpiar su cuarto.

regatear [re•ga•tear] / bargain
v. Discutir el precio de una mercancía en venta para comprarla más barata. *ej.* Rogelio es bueno para regatear en el mercado.

regazo [re•ga•zo] / lap
s. Parte de la falda de una mujer, entre la cintura y las rodillas, cuando está sentada. *ej.* Andrés se durmió en el regazo de su abuela.

regionalismos [re•gio•na•lis•mos] / regionalism
s. Palabras o expresiones que son propias de una región o zona. *ej.* El español es rico en variaciones léxicas debido a los regionalismos de cada país donde se habla esta lengua.

registro [re•gis•tro] / register
s. Examen o investigación minuciosa para encontrar algo que puede estar oculto. *ej.* El inspector hizo un registro del cuarto del sospechoso. *sin.* exploración.

regulaciones [re•gu•la•cio•nes] / rules
s. Reglas que se establecen en un lugar. *ej.* Cada familia tiene sus propias regulaciones. *sin.* normas.

rehén [re•hén] / hostage
s. Persona retenida a cambio de que se cumplan ciertas exigencias. *ej.* El cajero del banco, tomado como rehén durante el asalto, fue rescatado por la policía. *sin.* secuestrado. *ant.* liberado.

rehuso [re•hu•so] / refused
v. rehusar No aceptar o renunciar a hacer algo. *ej.* Me rehuso a ponerme una corbata de moñito. *sin.* reniego. *ant.* acepto.

R r

relajarse [re•la•jar•se] / relax
v. relajar Aflojar o ablandar una parte del cuerpo. **ej.** Un baño caliente y un buen masaje ayudan a relajarse. **sin.** suavizarse. **ant.** tensarse.

relevo [re•le•vo] / relief
s. Persona que sustituye a otra para hacer algo. **ej.** Mi relevo llegó y pude irme a dormir. **sin.** sustituto.

relicario [re•li•ca•rio] / locket
s. Medallón donde se guardan recuerdos y que sirve como adorno. **ej.** Carmen tiene un relicario prendido de su blusa.

relincho [re•lin•cho] / whine
s. La voz del caballo. **ej.** Lilia no escuchó el relincho de su caballo.

remaches [re•ma•ches] / rivets
s. Objetos que sirven para afianzar muy bien una cosa. **ej.** La escalera quedó segura con los remaches que puso mi papá.

remanso [re•man•so] / pool
s. Lugar donde la corriente de agua se detiene. **ej.** Encontré peces de colores en el remanso del río.

remendado [re•men•da•do] / patched
adj. Que tiene parches de otro color. **ej.** El pantalón remendado de Manuel parece de payaso. **sin.** zurcido. **ant.** roto.

remeros [re•me•ros] / oarsmen
s. Personas que usan los remos para impulsar una barca. **ej.** Los remeros nos llevaron hasta la otra orilla.

repercusión

R r

remolcando [re•mol•can•do] / **tow**
  v. remolcar Arrastrar un vehículo a otro por mar o tierra. *ej.* El barco regresa al puerto remolcando la pequeña lancha.

remolineaba [re•mo•li•nea•ba] / **swirled**
  v. remolinear Moverse el agua en giros rápidos. *ej.* El río se remolineaba y agitaba con el fuerte viento.

remontar [re•mon•tar] / **rise**
  v. Subir o volar muy alto. *ej.* El águila pudo remontar el vuelo hacia las alturas. *sin.* levantar. *ant.* descender.

remuneración [re•mu•ne•ra•ción] / **remuneration**
  s. Pago que se obtiene después de un trabajo. *ej.* Luego de lavar los carros, recibimos nuestra remuneración. *sin.* pago. *ant.* descuento.

rencor [ren•cor] / **grudge**
  s. Tener un resentimiento contra alguien. *ej.* No podría guardarle rencor a mi mejor amigo, así que le sonreí. *sin.* aversión. *ant.* afecto.

rendija [ren•di•ja] / **crack**
  s. Abertura angosta y larga en un cuerpo sólido. *ej.* Laura le pasó una carta a Héctor por la rendija de la puerta.

reñida [re•ñi•da] / **quarrel**
  adj. Cuando algo es muy competido o tiene mucha rivalidad. *ej.* La última competencia de ajedrez fue muy reñida. *sin.* disputada. *ant.* pacífica.

repentino [re•pen•ti•no] / **sudden**
  adj. Cuando algo sucede de modo imprevisto, que no se esperaba. *ej.* Una estrella cruzó el cielo de modo repentino y todos nos sorprendimos. *sin.* inesperado. *ant.* previsto.

repercusión [re•per•cu•sión] / **repercussion**
  s. Que provoca o tiene consecuencias. *ej.* El invento de la vacuna tuvo una gran repercusión en el mundo de la medicina. *sin.* alcance. *ant.* intrascendencia.

R r

repertorio

repertorio [re•per•to•rio] / **repertory**
   s. Conjunto de obras musicales que se tienen ensayadas y preparadas. *ej.* Mi repertorio es muy amplio, puedo cantar hasta 30 canciones. *sin.* selección.

repleta [re•ple•ta] / **full**
   adj. Cuando algo está muy lleno. *ej.* La botella estaba repleta de piedras de colores. *sin.* colmada. *ant.* vacía.

réplicas [ré•pli•cas] / **replies**
   v. replicar Responder a una pregunta o argumento. *ej.* En su réplica defendió el uso del gas natural.

Copia exacta de una obra. *ej.* Creamos varias **réplicas** de la Torre Eiffel.

reportajes [re•por•ta•jes] / **articles**
   s. Trabajos periodísticos donde se tratan temas con mayor detalle.
   ej. Publicaron varios reportajes sobre la contaminación ambiental.

reprimendas [re•pri•men•das] / **reprimands**
   s. Regaños que son muy fuertes. *ej.* Sus escapatorias le ganaron varias reprimendas y por eso ya no quiere salir a más fiestas. *sin.* amonestaciones. *ant.* elogios.

reptando [rep•tan•do] / **crawl**
   v. reptar Arrastrar el cuerpo sobre una superficie como los reptiles.
   ej. Evitamos el humo del incendio reptando por el pasillo.
   sin. deslizando. *ant.* saltando.

repugnancia [re•pug•nan•cia] / **disgust**
   s. Sentir aversión o asco por algo. *ej.* Manuela siente repugnancia por los olores fuertes y por eso no usa perfumes. *sin.* repulsión. *ant.* gusto.

respeto

R r

resentido [re•sen•ti•do] / **resentful**
adj. Que muestra resentimiento o enojo. *ej.* Luego del malentendido quedé resentido con mis amigos. *sin.* ofendido. *ant.* conforme.

resguardadas [res•guar•da•das] / **protected**
v. resguardar Defender o proteger algo. *ej.* En el árbol, las palomas quedaron resguardadas de la fuerte lluvia. *sin.* amparadas. *ant.* expuestas.

residentes [re•si•den•tes] / **residents**
adj. y *s.* Quienes viven en un lugar determinado. *ej.* Los residentes del edificio recibieron a los nuevos vecinos.

resignado [re•sig•na•do] / **resigned**
v. resignar Conformarse ante un hecho que no tiene remedio. *ej.* Quedé resignado a vivir rodeado de pura nieve. *sin.* conforme. *ant.* inconforme.

resolló [re•so•lló] / **pant**
v. resollar Respirar con fuerza y con ruido. *ej.* El toro resolló a mis espaldas y yo temblé de miedo. *sin.* resopló.

resonaba [re•so•na•ba] / **resound**
v. resonar Ampliar el sonido en forma gradual. *ej.* Los tambores de la banda resonaban por todo el pueblo. *sin.* retumbaban. *ant.* callaban.

resoplidos [re•so•pli•dos] / **heavy breathing**
v. resoplar Respirar con mucha fuerza y mucho ruido. *ej.* Luego de correr tres cuadras, Mónica comenzó a dar resoplidos. *sin.* resuellos.

respeto [res•pe•to] / **respect**
s. Consideración y atención por alguien o algo. *ej.* Luego de pasar la prueba, mis compañeros me trataron con respeto. *sin.* admiración. *ant.* descortesía.

R r

respondona [res•pon•do•na] / **sassy**
adj. Que es una persona rebelde y refunfuñona. *ej.* Nora es una niña respondona y de carácter fuerte. *sin.* rezongona. *ant.* obediente.

responsabilidades [res•pon•sa•bi•li•da•des] / **responsibilities**
s. Compromisos para cumplir con una obligación. *ej.* Nuestras responsabilidades son ir a la escuela y estudiar. *sin.* deberes. *ant.* irresponsabilidad.

resquebrajaron [res•que•bra•ja•ron] / **cracked**
v. resquebrajar Hacer grietas en un cuerpo duro. *ej.* Los golpes del martillo resquebrajaron la madera del mueble.

resquicio [res•qui•cio] / **crack**
s. Abertura pequeña por donde puede pasar algo. *ej.* Las hormigas entraron por el resquicio de la puerta. *sin.* rendija. *ant.* juntura.

restituir [res•ti•tu•ir] / **return**
v. Que devuelve o regresa algo que ya no se tiene. *ej.* Con el obsequio intentaron restituir lo que perdieron en el viaje. *sin.* reponer. *ant.* despojar.

restregaba [res•tre•ga•ba] / **rub hard**
v. restregar Frotar o rozar algo con fuerza. *ej.* Como todas las mañanas, Jaime se restregaba los ojos antes de levantarse de la cama. *sin.* frotaba.

resuelto [re•suel•to] / **resolved**
v. resolver Solucionar un problema. *ej.* El caso fue resuelto cuando apareció la carta. *sin.* aclarado. *ant.* abandonado.

retarme [re•tar•me] / **challenge me**
v. retar Desafiar o provocar a otro para competir en algo.
ej. Javier se atrevió a retarme en un juego de ajedrez.
sin. enfrentarme. *ant.* evadirme.

retazos [re•ta•zos] / **pieces**
s. Pedazos de una tela. *ej.* La tía cose una colcha con retazos de nuestra ropa vieja.

retorcidos [re•tor•ci•dos] / **twisted**
adj. Que están entretejidos. *ej.* Los arbustos crecían retorcidos formando una maraña.

retozar [re•to•zar] / **frolic**
v. Saltar y brincar alegremente. *ej.* El cachorro se puso a retozar por el campo.
sin. corretear. *ant.* aquietar.

retrospectiva [re•tros•pec•ti•va] / **retrospective**
adj. Cuando se revisa el pasado. *ej.* Viéndola en retrospectiva, la hazaña no fue tan extraordinaria.

reuma [reu•ma] / **rheumatism**
s. Reumatismo, dolor en las articulaciones y músculos.
ej. Mi reuma en la mano derecha hace que escriba con lentitud.

reverencia [re•ve•ren•cia] / **bow**
s. Inclinación de la cabeza en señal de respeto. *ej.* Los príncipes saludaron con una reverencia. *sin.* postración. *ant.* irreverencia.

revestido [re•ves•ti•do] / **covered**
v. revestir Cubrir con un adorno.
ej. El patio quedó revestido de rosas blancas. *sin.* engalanado.
ant. descubierto.

R r

revolotea

revolotea [re•vo•lo•tea] / flutters
v. revolotear Volar dando vueltas alrededor de algo.
ej. La mariposa revolotea alrededor de las flores.

revoltijo [re•vol•ti•jo] / jumble
s. Conjunto de muchas cosas desordenadas. *ej.* Los niños dejaron un revoltijo de papeles y lápices en el cuarto.
sin. mezcolanza. *ant.* orden.

revuelo [re•vue•lo] / commotion
adj. Alboroto que produce un acontecimiento. *ej.* Hubo un gran revuelo el día que Raúl llegó a visitarnos.

rezagados [re•za•ga•dos] / left behind
v. rezagar Dejar o quedarse atrás.
ej. Mario y Daniel quedaron rezagados durante la competencia.
sin. atrasados. *ant.* adelantados.

riachuelo [ria•chue•lo] / brook
s. Río pequeño. *ej.* El niño miró su reflejo en el riachuelo.

ribazo [ri•ba•zo] / wince of pain
s. Terreno en declive a los lados de un río o de una carretera.
ej. La casa de la colina se acaba en el ribazo.

rictus [ric•tus] / convulsive grin
s. Gesto que expresa dolor o miedo.
ej. En el rostro de mi padre se dibujaba un rictus de dolor.

riesgo [ries•go] / risk
s. Que está cercano a un peligro. *ej.* Es un riesgo manejar sin el cinturón de seguridad. *sin.* dificultad. *ant.* seguridad.

riguroso [ri•gu•ro•so] / rigorous
s. Que algo es muy severo y estricto. *ej.* Juan tuvo que presentar un riguroso examen de admisión a la universidad. *sin.* rígido. *ant.* leve.

rítmico [rít•mi•co] / rythmic
adj. Que tiene ritmo o una armoniosa combinación de sonidos y movimientos. *ej.* Y con un movimiento rítmico, la bailarina comenzó su actuación.

ritual [ri•tual] / ritual
s. Conjunto de ritos o actos de una ceremonia. *ej.* En México, se hace un ritual para venerar a los difuntos. *sin.* celebración.

rivalizado [ri•va•li•za•do] / competed
v. rivalizar Competir con alguien para obtener la misma cosa. *ej.* Lorena siempre ha rivalizado con su hermana para recibir el mejor regalo. *sin.* competido. *ant.* desistido.

rodaje [ro•da•je] / filming
s. Rodar o crear una película. *ej.* El rodaje de la película se realizó en Miami.

roídas [ro•í•das] / miserly
adj. Que están carcomidas o gastadas. *ej.* Después de muchos años, abrimos el baúl de los recuerdos de mi abuela y encontramos las camisas roídas de mi abuelo.

roles [ro•les] / role
s. Papeles que tienen los actores en una obra de teatro.
ej. Nuestros roles son de niños obedientes y el tuyo de duende travieso.

R r

rolliza

rolliza [ro•lli•za] / plump
adj. Que es robusta, gorda o gruesa. *ej.* El bebé de mi tía Alicia tiene una cara rolliza por comer tanto. *sin.* vigorosa. *ant.* flaca.

ruborizado [ru•bo•ri•za•do] / blushed
v. ruborizar Color rojo en las mejillas provocado por un sentimiento de vergüenza. *ej.* Estaba tan apenado por llegar tarde, que anduvo ruborizado buena parte de la fiesta. *sin.* abochornado. *ant.* calmado.

rueca [rue•ca] / distaff
s. Instrumento que se usaba para hilar.
ej. Aurora hiló la seda en la antigua rueca.

rumba [rum•ba] / rumba
s. Baile popular cubano. *ej.* Bailamos rumba con los amigos de Cuba.

rumor [ru•mor] / rumor
s. Información que no se sabe si es verdad, pero que la gente comenta. *ej.* En la escuela se corrió el rumor de que suspenderían a dos estudiantes por su mal comportamiento. *sin.* chisme.

ruptura [rup•tu•ra] / break
s. Rompimiento de las relaciones entre las personas. *ej.* La ruptura entre las amigas fue por un malentendido. *sin.* desavenencia. *ant.* arreglo.

rústica [rús•ti•ca] / rustic
adj. Que está relacionada con el campo. *ej.* Ana vive en una casa rústica de madera. *sin.* agreste. *ant.* urbana.

salutaciones   **S s**

sable [sa•ble] / saber
s. Arma blanca parecida a la espada.
ej. El joven sacó su sable para defenderse.

sabrosura [sa•bro•su•ra] / tasty
adj. Cuando algo es grato al paladar o gusta mucho. *ej.* El pastel de chocolate es mi postre preferido porque es una sabrosura.
sin. delicia. *ant.* insípido.

sabuesos [sa•bue•sos] / bloodhounds
s. Perros de olfato y oído muy agudos. *ej.* Los sabuesos salieron en busca del conejo.

saciados [sa•cia•dos] / satiate
v. saciar Satisfacer el hambre o la sed. *ej.* Los hambrientos cachorros quedaron saciados y ya no quisieron comer más.
sin. hartos. *ant.* hambreados.

sagaz [sa•gaz] / sagacious
adj. Que percibe las cosas con claridad y rapidez. *ej.* El sagaz zorro avanzó con cuidado para evitar las trampas. *sin.* astuto. *ant.* ingenuo.

sagrado [sa•gra•do] / sacred
adj. Que está relacionado con la divinidad o su culto.
ej. El libro sagrado está guardado en el ático.

salpicados [sal•pi•ca•dos] / spattered
adj. Que están manchados con gotas de un líquido. *ej.* Sus anteojos estaban salpicados de gotas de lluvia.

salutaciones [sa•lu•ta•cio•nes] / salutation
s. Alabanzas con que se saluda a una divinidad. *ej.* Los hindúes hacen salutaciones a sus dioses.

S s

samba [sam•ba] / samba
s. Baile brasileño parecido a la rumba. *ej.* La samba se baila en época de carnavales.

santiamén [san•tia•mén] / instant
s. Que ocurre en un instante. *ej.* Y en un santiamén la cena estaba lista. *sin.* rápidamente.

santuario [san•tua•rio] / shrine
s. Templo o lugar donde se venera a un santo. *ej.* La piedra verde brillaba en el centro del santuario.

Lugar reservado para alguien o algo. *ej.* El cuarto de la computadora es mi **santuario**.

saqueadores [sa•quea•do•res] / thieves
s. Personas que saquean o entran en un sitio para robar. *ej.* Los saqueadores se llevaron todas las televisiones. *sin.* pillos.

sarcástico [sar•cás•ti•co] / sarcastic
adj. Persona que usa la ironía para humillar u ofender a alguien. *ej.* Ignacio me saludó de modo sarcástico y yo me molesté mucho. *sin.* irónico. *ant.* amable.

sarta [sar•ta] / string
s. Serie de cosas sujetas una tras otra en un hilo o cadena. *ej.* Mamá me regaló una sarta de perlas que luzco con orgullo.

satinada [sa•ti•na•da] / satiny
adj. Que un papel o una tela tienen tersura o suavidad. *ej.* Llevaba un vestido de seda satinada.

sauces [sau•ces] / willows
s. Árboles frondosos que crecen junto al agua. *ej.* Mi amiga Martha y yo charlamos largo rato bajo los sauces junto al río.

sede [se•de] / seat
s. Domicilio de una entidad deportiva, literaria, etc. *ej.* Mi país será la sede de los próximos Juegos Olímpicos.

segregación [se•gre•ga•ción] / segregation
s. Cuando se separa o aparta a alguien de los demás. *ej.* La segregación racial es aún un problema en el mundo.

sémola [sé•mo•la] / semolina
s. Pasta de harina que se usa para hacer sopa. *ej.* La sopa de estrellas está hecha de sémola de trigo.

sendero [sen•de•ro] / path
s. Camino o ruta estrecha. *ej.* Este sendero por la montaña es ideal para recorrerlo a pie. *sin.* senda.

sensato [sen•sa•to] / sensible
adj. Persona que piensa y actúa con moderación y buen juicio. *ej.* Fui sensato y decidí guardar silencio. *sin.* discreto. *ant.* insensato.

sensible [sen•si•ble] / sensitive
adj. Que siente o percibe impresiones del ambiente. *ej.* Su piel es muy sensible a los rayos del sol. *sin.* susceptible. *ant.* insensible.

sentenciados [sen•ten•cia•dos] / sentenced
adj. Personas que son condenadas o juzgadas. *ej.* Estábamos sentenciados a vivir en una isla.

S s

sepulcral

sepulcral [se•pul•cral] / sepulchral
adj. Que se refiere al lugar donde se entierra a los muertos.
ej. En el salón reinaba un silencio que parecía sepulcral.

seria [se•ria] / serious
adj. Que no ríe. *ej.* Rosa intentó ponerse seria pero la risa fue mayor. *sin.* sobria. *ant.* alegre.

sermón [ser•món] / sermon
s. Discurso que se usa para regañar a alguien. *ej.* La institutriz le dio un sermón a Tere sobre los buenos modales en la mesa.

serpenteantes [ser•pen•tean•tes] / writhe
v. serpentear Moverse o deslizarse en forma ondulante. *ej.* El papalote se elevó con movimientos serpenteantes.

sesgo [ses•go] / slanting
adj. Que torció la dirección o la posición.
ej. La pelota dio un sesgo y se salió de la canasta.

severa [se•ve•ra] / severe
adj. Que es muy estricta e intransigente con las faltas de los demás. *ej.* La maestra de matemáticas es muy severa y quiere que estemos siempre atentos en su clase.
sin. rigurosa. *ant.* tolerante.

sigilosamente [si•gi•lo•sa•men•te] / stealthy
adv. Que actúa en silencio o con disimulo para no ser notado. *ej.* Los roedores avanzaron sigilosamente frente al gato. *sin.* discretamente. *ant.* indiscretamente.

sílabas [sí•la•bas] / syllables
s. Sonidos que se pronuncian con una sola voz. *ej.* Hipopótamo es una palabra con cinco sílabas (hi-po-pó-ta-mo).

silo [si•lo] / silo
s. Depósito o lugar donde se almacenan productos agrícolas. *ej.* Este año el silo almacena bastante trigo, pues la cosecha fue buena.

silueta [si•lue•ta] /silohuette
s. Línea del contorno del cuerpo humano. *ej.* Detrás de la cortina pude ver la silueta de mi amigo y me preparé para saludarlo. *sin.* sombra.

simbólico [sim•bó•li•co] / symbolic
adj. Imagen o figura que representa algo. *ej.* La antorcha olímpica tiene un mensaje simbólico de paz.

simulacro [si•mu•la•cro] / simulation
s. Acción en la que se finge hacer algo. *ej.* Hoy realizamos un simulacro para saber qué hacer durante un sismo.

simultáneamente [si•mul•tá•nea•men•te] / simultaneously
adv. Que ocurre al mismo tiempo que otra cosa. *ej.* Hoy pasarán en el cine dos películas simultáneamente.

sindicatos [sin•di•ca•tos] / unions
s. Asociaciones para defender los intereses de sus miembros. *ej.* Los sindicatos obreros protegen a los trabajadores.

S s

sinfín [sin•fín] / endless
s. Que son tantos que no se pueden contar. *ej.* Un sinfín de termitas apareció en la biblioteca y cubrió todos los libros. *sin.* montón.

siniestra [si•nies•tra] / left
s. La mano izquierda. *ej.* Mi parte siniestra no puede escribir muy bien.

Inclinación hacia lo malo. *ej.* Su idea es tan siniestra que da miedo.

sintonizada [sin•to•ni•za•da] / tuned in
v. sintonizar Adaptar la longitud de onda de un radio o un televisor. *ej.* La estación que transmitió el partido de beisbol fue sintonizada en el radio.

sinuoso [si•nuo•so] / sinuous
adj. Que tiene ondulaciones. *ej.* Me gusta patinar por un camino sinuoso porque es más divertido que un camino recto. *sin.* tortuoso. *ant.* recto.

soberana [so•be•ra•na] / sovereign
s. Persona que posee la autoridad suprema. *ej.* Cleopatra fue una famosa soberana de Egipto.

sobornos [so•bor•nos] / bribes
s. Regalos o dinero que se da a alguien para conseguir algo. *ej.* A Mónica le hacían varios sobornos para que fuera su amiga.

sobrecogido [so•bre•co•gi•do] / startled
adj. Que está espantado, con mucho miedo. *ej.* Quedé sobrecogido ante la cantidad de rayos en el cielo. *sin.* aterrorizado. *ant.* calmado.

sobresaltado [so•bre•sal•ta•do] / **startled**
   v. sobresaltar Que se encuentra asustado, acongojado.
   ej. El aullido de los lobos me tenía sobresaltado. *sin.* alterado.
   ant. despreocupado.

sofisticado [so•fis•ti•ca•do] / **sophisticated**
   adj. Que es muy complejo o complicado.
   ej. Como Miguel es aficionado a la astronomía, sus papás le regalaron un telescopio sofisticado. *sin.* complejo.
   ant. sencillo.

sofocante [so•fo•can•te] / **suffocating**
   adj. Que impide el poder respirar fácilmente.
   ej. El ambiente cerca de la chimenea es sofocante. *sin.* bochornoso.

soldado [sol•da•do] / **soldier**
   s. Persona que pertenece al ejército. *ej.* Ricardo era un auténtico soldado.

solemnidad [so•lem•ni•dad] / **solemnly**
   adj. Que se realiza de modo formal o lleno de esplendor. *ej.* El director de la escuela nos habló con mucha solemnidad el último día de clases.

solía [so•lí•a] / **usually**
   v. soler Que se tiene la costumbre de hacer algo con frecuencia o que algo sucede con regularidad. *ej.* Mi abuela solía cantar en la regadera.

sombrío [som•brí•o] / **bleak**
   adj. Lugar tétrico, triste y con poca luz. *ej.* El sombrío jardín hacía que Laura se sintiera más melancólica. *sin.* lóbrego.
   ant. diáfano.

S s

sondeo [son•de•o] / poll
s. Encuesta para saber gustos o preferencias de un grupo de personas. *ej.* Realizaron un sondeo en la escuela para conocer los deportes preferidos de los estudiantes.
sin. exploración.

Método de exploración del fondo del mar. *ej.* Con el **sondeo** supimos la profundidad exacta del mar.

sonrisa [son•ri•sa] / smile
s. Risa leve sin sonido, sólo un movimiento de los labios.
ej. José asintió con una ligera sonrisa.

sonsacarle [son•sa•car•le] / wheedle from
v. sonsacar Lograr con habilidad que alguien diga lo que sabe sobre algo. *ej.* Le regaló una paleta y pudo sonsacarle la verdad.
sin. arrancarle.

sopaipillas [so•pai•pi•llas] / doughnuts
s. Masa frita de harina, manteca o aceite y calabaza.
ej. En diciembre mi abuela nos prepara sopaipillas.

sopetón [so•pe•tón] / suddenly
s. Que se produce de manera brusca o repentina. *ej.* Mamá entró de sopetón en mi recámara y dijo: "Alejandro, limpia tu cuarto de inmediato."

soportar [so•por•tar] / bear
v. Aguantar una situación que causa pesar. *ej.* Luis no podía soportar la idea de dejar a su madre en un asilo.

sosegada [so•se•ga•da] / serene
adj. Que se encuentra quieta y en paz. *ej.* La mariposa se posó sosegada en una rama. *sin.* tranquila. *ant.* inquieta.

súbita [sú•bi•ta] / sudden
adj. Cuando algo ocurre de repente. *ej.* Entonces se escuchó en el corredor una carcajada súbita. *sin.* vehemente. *ant.* tardía.

sublime [su•bli•me] / sublime
adj. Que es de gran valor intelectual, excelente. *ej.* Bach compuso música sublime y por eso es uno de los músicos más reconocidos. *sin.* excelso. *ant.* ordinario.

subsistir [sub•sis•tir] / endure
v. Que logra vivir a pesar de las dificultades por las que pasa. *ej.* El guepardo logró subsistir tres años en cautiverio. *sin.* sobrevivir. *ant.* morir.

substancia [subs•tan•cia] / substance
s. La parte más importante de algo. *ej.* La substancia de la paz es el amor. *sin.* esencia. *ant.* superficialidad.

subvencionados [sub•ven•cio•na•dos] / subsidized
adj. Que reciben una subvención o dinero por parte de alguien. *ej.* Algunos medicamentos están subvencionados por el gobierno. *sin.* financiados. *ant.* desamparados.

sufragistas [su•fra•gis•tas] / suffragette
s. Que están a favor del voto de las mujeres. *ej.* El movimiento de las sufragistas de Estados Unidos logró que el Congreso aprobara la Décimonovena Enmienda, la cual garantiza el derecho al voto de las mujeres.

suministrar [su•mi•nis•trar] / supply
v. Dar a alguien algo vendiéndoselo o regalándoselo. *ej.* El gobierno va a suministrar equipo moderno al hospital del condado. *sin.* proveer. *ant.* negar.

S s

supersónicos

supersónicos [su•per•só•ni•cos] / supersonics
adj. Que se mueven más veloces que el sonido. *ej.* Los aviones supersónicos vuelan a una velocidad increíble. *sin.* ultrasónicos. *ant.* subsónicos.

suplicio [su•pli•cio] / torture
s. Grave tormento o dolor que puede ser físico o moral. *ej.* Abandonar el país donde nací y despedirme de mis amigos fue un suplicio, no fue grato para nadie. *sin.* tortura. *ant.* mimo.

surgiendo [sur•gien•do] / emerge
v. surgir Que está apareciendo o manifestándose algo.
ej. Dicen que está surgiendo un gran volcán en esta región.

Qué + significa
Cuando el agua brota. *ej.* Está **surgiendo** un pequeño manantial en el parque del vecindario.

suscita [sus•ci•ta] / generate
v. suscitar Provocar un sentimiento en los demás. *ej.* El actor suscita gran emoción en las jovencitas. *sin.* causa. *ant.* reprime.

suspenso [sus•pen•so] / suspense
adj. Interés y ansiedad por conocer el final de un relato.
ej. La obra de teatro nos mantuvo en suspenso.

sustento [sus•ten•to] / sustenance
s. Conjunto de las cosas necesarias para vivir. *ej.* La mujer entregó a la familia una canasta de comida para su sustento.

sutil [su•til] / subtle
adj. Que es suave pero penetrante.
ej. Supe que habías llegado por el sutil aroma de tu perfume que llegó a mi olfato. *sin.* delicado. *ant.* burdo.

taparrabos

T t

tacaño [ta•ca•ño] / stingy
adj. Que no le gusta dar nada a nadie. *ej.* El tacaño de Juan se negó a prestarme su patineta. *sin.* egoísta. *ant.* espléndido.

taínos [ta•í•nos] / taino
s. Pueblo indígena que habitó La Española, Cuba, Puerto Rico y Jamaica. *ej.* Cuando los españoles llegaron a América conocieron a los indígenas taínos.

tajante [ta•jan•te] / sharp
adj. Que no permite réplica ni discusión alguna. *ej.* Cuando le pedí a papá que me comprara unos patines, me respondió con un "no" tajante. *sin.* rotundo. *ant.* limitado.

tajo [ta•jo] / chopping block
s. Corte que es muy exacto y preciso.
ej. Cortó las ataduras de un solo tajo.

talan [ta•lan] / cut down
v. talar Cortar desde la base uno o más árboles. *ej.* Cuando talan los árboles se daña la ecología del planeta. *sin.* cortan. *ant.* respetan.

talentosa [ta•len•to•sa] / talented
adj. Que tiene aptitudes para una cosa. *ej.* La talentosa María realizó su mejor acto de magia.
sin. genial. *ant.* torpe.

taparrabos [ta•pa•rra•bos] / loincloth
s. Trozo pequeño de tela a modo de calzón. *ej.* En algunas tribus indígenas, como los aztecas en México, los hombres se vestían con taparrabos.

T t

tararear

tararear [ta•ra•rear] / hum a tune
v. Cantar en voz baja de manera que no se entiendan las palabras.
ej. Los campesinos comenzaron a tararear una alegre canción.

tartamudeó [tar•ta•mu•deó] / stammered
v. tartamudear Hablar en forma entrecortada y repitiendo las sílabas. *ej.* Asustado, Rodolfo tartamudeó su respuesta. *sin.* balbuceó. *ant.* articuló.

tedioso [te•dio•so] / tedious
adj. Cuando algo es aburrido o fastidioso.
ej. Esperar a alguien sin hacer nada es muy tedioso. *sin.* molesto. *ant.* ameno.

telar [te•lar] / loom
s. Máquina que sirve para tejer.
ej. Las indígenas mayas hacen coloridos tejidos en un telar.

temida [te•mi•da] / dreaded
adj. Que causa temor. *ej.* La campeona de natación era temida por las demás competidoras en los torneos estatales. *sin.* peligrosa. *ant.* inofensiva.

temporales [tem•po•ra•les] / storms
s. Tempestad fuerte, con vientos violentos. *ej.* Los temporales inundaron toda la plaza central. *sin.* tormentas.

tenaz [te•naz] / tenacious
adj. Que es firme y perseverante en sus propósitos. *ej.* Finalmente, el tenaz muchacho consiguió la beca para continuar sus estudios en la universidad. *sin.* obstinado. *ant.* inconstante.

terciopelo [ter•cio•pe•lo] / velvet
s. Tela velluda y tupida que se usa en vestidos, cortinas y tapicería.
ej. Las cortinas del auditorio de la escuela son de terciopelo rojo.

textura

T t

termales [ter•ma•les] / hot springs
s. Agua caliente que sale de un manantial. *ej.* Las aguas termales son muy relajantes y saludables.

terminología [ter•mi•no•lo•gí•a] / terminology
s. Términos propios de una profesión, ciencia o materia. *ej.* Los astrónomos usan la terminología de la física y las matemáticas.

territorio [te•rri•to•rio] / territory
s. Espacio elegido por un animal o grupo de animales para realizar sus actividades, el cual defienden de otros animales o personas. *ej.* Los animales depredadores marcan su territorio para defenderlo.

terrones [te•rro•nes] / clod
s. Masa pequeña y suelta de tierra u otras sustancias. *ej.* A los caballos les gustan los terrones de azúcar.

testimonios [tes•ti•mo•nios] / testimonies
s. Prueba de la existencia de una cosa. *ej.* Las pirámides son testimonios de antiguas civilizaciones. *sin.* pruebas.

tétrico [té•tri•co] / gloomy
adj. Cuando algo parece triste y deprimente. *ej.* La casona de la esquina tiene un aspecto tétrico que da miedo. *sin.* tenebroso. *ant.* radiante.

textura [tex•tu•ra] / texture
s. Disposición o estructura de las partes de un cuerpo o una obra. *ej.* La pared tiene una textura de piedra rocosa.

T t

tez [tez] / complexion
s. El cutis del rostro humano. *ej.* La tez de la joven era morena clara.

tiñiéndola [ti•ñién•do•la] / dye it
v. teñir Dar a algo un color o aspecto distinto al que tenía.
ej. La pintura cayó sobre la tela blanca tiñéndola de rojo.
sin. coloreándola. *ant.* destiñéndola.

típicos [tí•pi•cos] / typical
adj. Que son característicos de un grupo, época o lugar. *ej.* El chili es uno de los platillos típicos de Texas. Es un guiso semiseco hecho con la mezcla de frijol, carne molida, chile poco picante y sazonado con especias.
sin. tradicional. *ant.* atípico.

tipógrafo [ti•pó•gra•fo] / typesetter
s. Persona que se dedica a componer textos que van a imprimirse.
ej. Mi tío trabaja como tipógrafo en el periódico local.

tirante [ti•ran•te] / tight
adj. Que está tenso, estirado. *ej.* Ramón cercó el corral con tres hileras de alambre tirante.

titilando [ti•ti•lan•do] / twinkling
v. titilar Cuando una luz centellea o es intermitente. *ej.* La estrella estaba titilando en el cielo.

toga [to•ga] / toga
s. Manto que usaban los romanos. *ej.* La toga era la prenda principal del vestuario de los antiguos romanos.

tolerante [to•le•ran•te] / tolerant
adj. Que respeta las opiniones o prácticas de los demás. *ej.* Para disfrutar los viajes es necesario ser muy tolerante. *sin.* paciente. *ant.* intolerante.

trámites

T t

toneleros [to•ne•le•ros] / **barrel maker**
  s. Personas que hacen o venden toneles (barriles de madera ceñidos con aros de hierro y con dos tapas planas). *ej.* Los toneleros pusieron a la venta sus toneles.

tópicos [tó•pi•cos] / **topics**
  adj. Temas muy comunes o una expresión muy usada. *ej.* La pasión y las aventuras son los tópicos de las novelas románticas. *sin.* clichés. *ant.* originalidades.

tormentoso [tor•men•to•so] / **stormy**
  adj. Que ocasiona tormenta. *ej.* Al levantar la vista, el granjero supo que se aproximaba un tiempo tormentoso. *sin.* tempestuoso. *ant.* apacible.

torturaron [tor•tu•ra•ron] / **tortured**
  v. torturar Cuando algo causa dolor o tormento. *ej.* Los recuerdos de la guerra torturaron durante años al general. *sin.* afligieron. *ant.* consolaron.

tradicional [tra•di•cio•nal] / **traditional**
  adj. Cuando algo es usual, acostumbrado. *ej.* Los inmigrantes mexicanos han integrado a la cultura texana su tradicional fiesta charra.

trágicos [trá•gi•cos] / **tragic**
  adj. Cuando los acontecimientos resultan en desgracia o están relacionados con la tragedia. *ej.* Lloró por los acontecimientos trágicos en su país de origen. *sin.* fatídicos. *ant.* afortunados.

trámites [trá•mi•tes] / **procedures**
  s. Cada uno de los pasos que se siguen para resolver un asunto. *ej.* Jacinto inició los trámites para inscribirse en la escuela. *sin.* gestiones. *ant.* obstáculos.

T t

transcribir

transcribir [trans•cri•bir] / transcribe
v. Copiar un escrito con el mismo o diferente sistema de escritura. *ej.* La escritora comenzó a transcribir el manuscrito en la computadora.

transitorio [tran•si•to•rio] / transitory
adj. Cuando algo es pasajero, de corta duración. *ej.* Este clima frío es transitorio, ya lo verás. *sin.* temporal. *ant.* permanente.

trapos [tra•pos] / rags
s. Trozos de tela para limpiar, quitar el polvo o secar. *ej.* Para no desperdiciar el agua, en mi casa lavamos el carro usando unos trapos y una cubeta con agua.

trasfondo [tras•fon•do] / background
s. Que está más allá del fondo que se ve. *ej.* Las cajas de juguetes están en el trasfondo del cuarto.

traslúcidos [tras•lú•ci•dos] / translucid
adj. Que dejan pasar la luz y entrever lo que hay detrás. *ej.* El vidrio y el cristal son materiales traslúcidos.

tregua [tre•gua] / truce
s. Interrupción temporal de un trabajo o una actividad. *ej.* Hacer la maqueta del sistema solar era un trabajo agotador, así que nos dimos una tregua para descansar. *sin.* pausa. *ant.* reanudación.

trémula [tré•mu•la] / tremulous
adj. Cuando una cosa o persona tiembla. *ej.* Saludó al auditorio con voz trémula porque estaba muy nervioso. *sin.* vacilante. *ant.* firme.

tumbo [tum•bo] / jolt
s. Una sacudida fuerte, violenta. *ej.* El tren dio un tumbo y me desperté sobresaltado.

utensilios

U u

ululaba [u•lu•la•ba] / howled
v. ulular Hacer un sonido parecido a un aullido. *ej.* El viento ululaba entre las ramas de los árboles. *sin.* gemía. *ant.* callaba.

umbral [um•bral] / threshold
s. El límite de una sensación o estímulo. *ej.* Su umbral del dolor es muy alto y por eso no le dolió la cortada.

Qué + significa
- Parte interior de una puerta. *ej.* Se detuvo en el umbral de la puerta y se quitó el sombrero.
- Principio de una actividad. *ej.* Raquel estaba en el umbral de su carrera como escritora.

unísono [u•ní•so•no] / unison
s. Que ocurre al mismo tiempo. *ej.* Hugo, Paco y Luis hablaron al unísono y nadie pudo entenderlos.

urdimbre [ur•dim•bre] / warp
s. Hilos que se ponen en el telar para hacer un tejido. *ej.* La mujer colocó la urdimbre para comenzar a tejer.

usanza [u•san•za] / custom
s. Uso o costumbre de una sociedad o grupo. *ej.* La familia llegó vestida a la usanza de sus antepasados.

usuarios [u•sua•rios] / users
s. Personas que usan un servicio público. *ej.* Los usuarios de Internet hablan con gente de todo el mundo. *sin.* consumidores, clientes.

utensilios [u•ten•si•lios] / utensils
s. Objetos que se usan en forma manual y frecuente. *ej.* La pala y el azadón son los utensilios más usados por el labrador.

V v

vacante

vacante [va•can•te] / vacant
adj. Cuando un lugar o puesto no está ocupado. *ej.* Sólo el puesto de mensajero estaba vacante. *sin.* disponible. *ant.* ocupado.

vaciado [va•cia•do] / empty
s. Acción de dejar vacía una cosa. *ej.* El vaciado de la tina nos llevó 5 minutos.

Adorno formado en un molde. *ej.* La escultura está echa en **vaciado** de cobre.

vacilón [va•ci•lón] / party
s. Fiesta o jolgorio que tiene lugar entre amigos. *ej.* Pedro organizó un vacilón en su casa de campo.

vadeaban [va•dea•ban] / forded
v. vadear Vencer una dificultad muy grande. *ej.* Los esquimales vadeaban el invierno con mucha paciencia. *sin.* sorteaban.

vagos [va•gos] / vague
adj. Cuando algo es confuso o poco claro. *ej.* A la radio llegaban sonidos vagos y nunca pudimos oír bien la noticia. *sin.* imprecisos. *ant.* definidos.

vaivén [vai•vén] / swaying
s. Cuando algo se mueve balanceándose. *ej.* Me dormí en el barco gracias al vaivén de las olas. *sin.* bamboleo. *ant.* estabilidad.

valerosa [va•le•ro•sa] / brave
adj. Que es valiente. *ej.* Rescatan a la niña de las llamas fue una acción valerosa. *sin.* audaz. *ant.* tímida.

vaporosa

V v

valorar [va•lo•rar] / value
v. Reconocer o estimar el valor de alguien o algo. *ej.* El día que Rosaura nos defendió de las calumnias, comenzamos a valorar su amistad. *sin.* apreciar. *ant.* despreciar.

valiéndose [va•lién•do•se] / make use of
v. valerse Usar algo para conseguir un fin. *ej.* Escaló la montaña valiéndose de una cuerda y un bastón.

vanas [va•nas] / vain
adj. Cuando algo no tiene fundamento, razón o pruebas. *ej.* Sus palabras vanas no pudieron convencerme. *sin.* triviales. *ant.* significativas.

vándalos [ván•da•los] / vandals
s. y *adj.* Personas que actúan con brutalidad, que tienen un espíritu destructor. *ej.* Los vándalos querían destruir los autos estacionados en el supermercado. *sin.* bárbaros. *ant.* civilizados.

vanguardia [van•guar•dia] / vanguard
s. Lo que encabeza cualquier movimiento político o artístico. *ej.* El rock and roll fue música de vanguardia en los años cincuenta.

vaporosa [va•po•ro•sa] / vaporous
adj. Que tiene un aspecto ligero. *ej.* Su vaporosa capa flotaba con la brisa. *sin.* liviana. *ant.* pesada.

V v

varada

varada [va•ra•da] / stranded
v. varar Cuando algo queda detenido en la playa, un banco de arena o entre piedras. *ej.* La ballena estaba varada en la playa y no podía regresar al mar.

vedas [ve•das] / prohibition
s. Tiempo en que está prohibido pescar o cazar. *ej.* Las vedas protegen la vida de muchas especies marinas. *sin.* proscripciones. *ant.* permisos.

vehemencia [ve•he•men•cia] / vehement
adj. Que se expresa con viveza.
ej. Manolo defendió a Susana con vehemencia y por eso la dejaron en paz. *sin.* intensidad. *ant.* desinterés.

velada [ve•la•da] / evening party
s. Reunión que se lleva a cabo en la noche como entretenimiento. *ej.* Los jóvenes disfrutaron de una velada en el campo. *sin.* tertulia.

venablo [ve•na•blo] / javelin
s. Dardo o lanza de tamaño pequeño. *ej.* En la antigüedad, un oficial del ejército usaba un venablo como arma.

vendaval [ven•da•val] / fierce wind
s. Viento fuerte que no llega a ser temporal. *ej.* El vendaval agitaba mi vestido y alborotaba mi cabello. *sin.* ventarrón. *ant.* calma.

venerables [ve•ne•ra•bles] / venerable
adj. Que son respetados y dignos de admiración. *ej.* Los venerables ancianos nos dieron sabios consejos para ser mejores personas. *sin.* honorables. *ant.* indignos.

ventisqueros [ven•tis•que•ros] / snowstorm
s. Lugar donde se conserva por mucho tiempo la nieve y el hielo en lo alto de una montaña. *ej.* Subimos a los ventisqueros de las montañas para poder esquiar en esta temporada.

veracidad [ve•ra•ci•dad] / truthfulness
s. Cuando la información que se da corresponde completamente a la verdad o a la realidad. *ej.* Algunos noticieros tienen gran audiencia porque informan con veracidad. *sin.* autenticidad. *ant.* falsedad.

veredicto [ve•re•dic•to] / verdict
s. Sentencia que emite un jurado. *ej.* El veredicto del juez declaró inocente al acusado. *sin.* fallo.

verídicas [ve•rí•di•cas] / true
adj. Que se refiere a cosas que son verdaderas. *ej.* Mi tía asegura que sus historias de fantasmas son verídicas. *sin.* reales. *ant.* inverosímiles.

versos [ver•sos] / lines
s. Serie de palabras sujetas a medida y cadencia que componen un poema. *ej.* Los poemas están formados por versos y estrofas.

vertedero [ver•te•de•ro] / dump
s. Lugar donde se vierte algo. *ej.* Los caballos beben agua en el vertedero.

vertiginosamente [ver•ti•gi•no•sa•men•te] / dizzyingly
adv. Que actúa de modo acelerado o impetuoso. *ej.* De pronto, la ardilla saltó vertiginosamente y desapareció en el bosque. *sin.* precipitadamente. *ant.* lentamente.

vestigios [ves•ti•gios] / traces
s. Huellas que quedan de alguien o algo que ha pasado por un lugar. *ej.* En la nieve quedaban los vestigios de los pasos del oso. *sin.* rastros.

V v

veterano [ve•te•ra•no] / **veteran**
adj. Persona que es experta en una actividad. *ej.* Mi hermano es veterano del futbol, juega desde hace diez años.
sin. experimentado. *ant.* principiante.

viaducto [via•duc•to] / **viaduct**
s. Puente que evita una hondonada.
ej. Este viaducto comunica a dos poblados separados por el barranco.

vibrante [vi•bran•te] / **vibrating**
adj. Que vibra o se mueve de un lado a otro. *ej.* Un sonido vibrante salió de sus labios. *sin.* resonante.
ant. sosegado.

viceversa [vi•ce•ver•sa] / **vice versa**
adv. Cuando algo ocurre en uno y otro sentido. *ej.* Manuel le dio un regalo a Andrea y viceversa.

vierte [vier•te] / **pour**
v. verter Derramar o vaciar líquidos sobre un recipiente. *ej.* Raúl vierte la leche en un vaso grande.

vigilia [vi•gi•lia] / **vigil**
s. Insomnio, dificultad para dormir.
ej. Pasé toda la noche en vigilia y por eso estoy cansado. *sin.* vela.
ant. sueño.

vigorosamente [vi•go•ro•sa•men•te] / **vigorously**
adv. Que tiene o actúa con mucha fuerza o energía.
ej. Martha bate la masa vigorosamente para que le quede suave y esponjoso el pastel. *sin.* enérgicamente.
ant. débilmente.

vivencias

V v

virutas [vi•ru•tas] / shavings
s. Tira fina y en espiral que aparece al labrar la madera. **ej.** El carpintero saca virutas al trabajar el trozo de madera.

visas [vi•sas] / visas
s. Certificados que dan validez a un pasaporte. **ej.** Necesitamos enseñar nuestras visas para poder entrar al país.

vital [vi•tal] / vital
adj. Que es muy importante para la vida. **ej.** Respirar oxígeno es vital para los humanos. **sin.** esencial. **ant.** intrascendente.

vitorearla [vi•to•rear•la] / cheer
v. vitorear Aplaudir o aclamar a una persona. **ej.** El auditorio comenzó a vitorearla por su magnífico espectáculo. **sin.** ovacionarla. **ant.** abuchearla.

vitral [vi•tral] / stained-glass window
s. Vidriera que está hecha con cristales de colores. **ej.** El vitral muestra a un búho de muchos colores.

vivaracha [vi•va•ra•cha] / lively
adj. Persona, por lo general joven, que es muy expresiva y de carácter alegre. **ej.** Sonia es tan vivaracha que nos contagia su alegría. **sin.** ingeniosa. **ant.** apática.

vivencias [vi•ven•cias] / experiences
s. Experiencias o recuerdos que forman parte de la personalidad de alguien. **ej.** Escribí un libro sobre mis vivencias en Italia.

vociferaba

vociferaba [vo•ci•fe•ra•ba] / vociferate
v. vociferar Gritar o dar grandes voces. *ej.* Desde el balcón, la nana vociferaba a los niños para que entraran a la casa. *sin.* gritaba. *ant.* callaba.

voluntarias [vo•lun•ta•rias] / volunteers
s. Personas que se prestan para hacer algo por su propia voluntad y no por obligación. *ej.* Las voluntarias ayudaron a pintar los botes para desechos orgánicos e inorgánicos.

volutas [vo•lu•tas] / spiral
s. Cosas que tienen forma de espiral *ej.* El carpintero labró las volutas en la madera.

voracidad [vo•ra•ci•dad] / voracity
s. Que come mucho y con avidez. *ej.* Los perros vaciaron los tazones de croquetas con voracidad, luego de un día sin comer. *sin.* ansia. *ant.* desgano.

vorágine [vo•rá•gi•ne] / maelstrom
s. Cuando las personas, sucesos o cosas se acumulan en forma desordenada. *ej.* Una vorágine de sentimientos cayó sobre Laura cuando leyó la carta de su amigo Alfredo. *sin.* tumulto. *ant.* orden

vulnerable [vul•ne•ra•ble] / helpless
adj. Cuando algo o alguien puede recibir un daño. *ej.* Sin su escudo, el guerrero se sintió vulnerable y decidió posponer la batalla hasta que le entregaran uno nuevo. *sin.* indefenso. *ant.* invulnerable.

W w

Es la vigésimo cuarta (número 24) letra del alfabeto en español y decimonovena (número 19) de sus consonantes. Puede representar un sonido parecido a *u* o a *gu*. Se emplea en palabras de origen extranjero, principalmente del idioma inglés.

Algunas palabras que provienen del inglés y que se han adoptado por el uso frecuente al español son:
- **walkie-talkie:** aparato portátil que la gente usa para comunicarse en distancias cortas.
- **walkman:** audífonos que están unidos a un reproductor de casetes o aparato de radio portátiles. Con este aparato, las personas pueden escuchar música y moverse al mismo tiempo.
- **Web:** palabra formada por las primeras letras (acrónimo) de *world wide web*. Es un sistema al que se puede tener acceso para buscar la información que está disponible en la Internet.
- **week-end:** fin de semana.

X x

Es la vigésimo quinta (número 25) letra del alfabeto en español y vigésima (número 20) de sus consonantes. Representa la combinación de sonidos *ks, gs* o *s*.

Usos de la letra X

- Como sustantivo, la letra *x* se usa en matemáticas para representar la variable de una ecuación. *ej.* $24 + x = 30$, donde x tiene un valor de 6.
- Como adjetivo, se usa para indicar una catidad que no se conoce o no se puede o no se quiere decir. *ej.* Nuestro equipo de basquetbol ganó por x puntos a la escuela del condado vecino.
- También se usa para decir *cualquiera*. *ej.* Mi amiga Carmen vendrá un día x a visitarme.
- En la numeración romana, una X (en mayúsculas) equivale a diez.
- Una palabra de uso común es rayos X, con la cual se conoce a una radiografía en el área de la medicina. *ej.* El médico me mandó hacer un estudio de rayos X para ver si mi brazo está fracturado.

Y y

yacía

yacía [ya•cí•a] / lie
v. yacer Cuando una persona o animal está tendida o echada sobre algo. *ej.* La lagartija yacía en la roca para tomar el sol. *sin.* reposaba. *ant.* levantaba.

yacimientos [ya•ci•mien•tos] / deposits
s. Lugares donde se acumulan minerales sólidos, líquidos o gaseosos. *ej.* Texas es un estado rico en yacimientos de petróleo. *sin.* depósitos.

yergue [yer•gue] / raise
v. erguir Poner derecha o alzada una cosa. *ej.* La estatua se yergue con majestuosidad en la isla.

yermo [yer•mo] / deserted
adj. Cuando un lugar no está habitado. *ej.* Por esta carretera el paisaje es yermo. *sin.* inhóspito. *ant.* fértil.

yertas [yer•tas] / stiff
adj. Que no se mueven. *ej.* Mientras nevaba, dos aves estaban yertas de frío en el alfeizar de la ventana. *sin.* entumecidas.

yugo [yu•go] / yoke
s. Carga que es muy pesada. *ej.* Al fin me liberé del yugo de esa deuda. *sin.* obligación. *ant.* libertad.

yunta [yun•ta] / team
s. Par de bueyes que se sujetan juntos para realizar labores de labranza. *ej.* El campesino comenzó a labrar el campo con su yunta.

Z z

zacate [za•ca•te] / **grass**
s. Hierba que crece en el campo. *ej.* El ganado come plácidamente el zacate del campo.

zafó [za•fó] / **dislocated**
v. *zafar* Salir o sacar algo de su lugar. *ej.* En el partido recibí un golpe que me zafó la clavícula. *sin.* dislocó. *ant.* encajó.

zambullida [zam•bu•lli•da] / **plunge**
s. Aventarse de golpe al agua. *ej.* Adriana y Manuel decidieron darse una zambullida en el lago. *sin.* sumergida.

zancudos / **mosquitoes**
s. Mosquitos. *ej.* En climas cálidos hay muchos zancudos.

zángano [zán•ga•no] / **drone**
s. Persona que es floja y no quiere hacer nada cuando hay que trabajar. *ej.* Mi vecino Daniel es un zángano que vive a costa de su familia. *sin.* holgazán. *ant.* diligente.

zarigüeya [za•ri•güe•ya] / **opossum**
s. Mamífero marsupial de cola larga. *ej.* La zarigüeya salió de su cueva a medianoche.

zarpazo [zar•pa•zo] / **pawing**
s. Golpe y arañazo que se da con la zarpa. *ej.* De pronto, el tigre dio un zarpazo que asustó a su domador.

Z z

zigzagueaba [zig•za•guea•ba] / zigzag
v. zigzaguear Moverse en zigzag. *ej.* La bicicleta zigzagueaba por el camino en vez de avanzar en forma recta.

zócalo [zó•ca•lo] / main square
s. Plaza principal de algunas ciudades o pueblos. *ej.* En el zócalo del pueblo armaron un escenario para el festival.

zona [zo•na] / zone
s. Un sector de una ciudad o territorio. *ej.* Mi amiga Sonia vive en una zona cálida y el próximo verano la visitaré.

zozobra [zo•zo•bra] / anxiety
s. Sentimiento de inquietud y temor. *ej.* Cruzar el desierto sin ayuda de nadie nos llenaba de zozobra.
sin. desasosiego. *ant.* tranquilidad.

zumbido [zum•bi•do] / buzz
s. Ruido continuo y molesto que hacen los insectos al volar. *ej.* El abejorro saludó con un zumbido y se posó sobre la flor.

zurce [zur•ce] / darn
v. zurce Coser una tela que está rota de manera que no se note el desgaste. *ej.* Mi mamá zurce mis calcetines en cuanto ve una pequeña rotura en ellos. *sin.* remienda. *ant.* rompe.

Índice

Índice inglés / español

El siguiente índice es una referencia rápida para padres y maestros que están más familiarizados con el idioma inglés y que, por tanto, requieren la traducción al español para referirse a la página donde se encuentra la palabra que quieren investigar.

A

abalone/abalones, 1
abash/azorada, 25
abolitionists/abolicionistas, 2
abruptly/abruptamente, 2
absolve/absolver, 2
absorb/absorben, 2
absorbed/absorto, 3
absurd/disparatadas, 78
abundance/abundancia, 3
abundant/copiosa, 55
abusive/abusivo, 3
acclaimed/aclamado, 4
accurate/certero, 38
accused/acusado, 6
activists/activistas, 6
adapt/adaptarse, 6
additional/adicional, 6
admission/internamiento, 139
adoption/adopción, 7
adventitious/adventicio, 7
adventures/andanzas, 14
adversity/adversidad, 7
advice/consejo, 51
adviser/asesor, 21
affection/apego, 16
agile/ágil, 9

agrarian/agrarias, 9
agreed/accedió, 3
agreement/acorde, 5
airtight/hermética, 124
ally/aliado, 11
alteration/alteración, 12
amazement/estupor, 101
amendment/enmienda, 89
ammunitions/municiones, 164
amulet/amuleto, 13
anachronistic/anacrónico, 13
ancestral/ancestrales, 13
ancestor/antepasados, 15
ancestry/abolengo, 1
ancestry/alcurnia, 11
anchor/áncora, 13
anecdote/anécdota, 14
angry/airada, 10
angry/cabreo, 32
angry/chivado, 40
angry/enfadada, 87
anonymous/anónimo, 14
anthology/antológicos, 15
antitetanus/antitetánica, 15
anxiety/ansias, 14
anxiety/zozobra, 236
ape/póngido, 184
appeal/apelación, 17

appetizer/aperitivo, 17
applauded/palmoteado, 173
apprentice/aprendiz, 18
apron/delantal, 63
arduous/ardua, 19
argue/discutir, 77
argument/argumento, 19
arguments/argüendes, 19
arguments/disputas, 78
aristocracy, aristocracia, 19
armor/arnés, 19
around/derredor, 65
arrogant/altivo, 12
articles/reportajes, 202
asphyxiate/asfixiante, 21
aspires/aspira, 22
assembled/ensambladas, 89
assignment/asignación, 21
assimilate/asimilar, 21
assume/asumir, 22
assure/cerciorarme, 38
astonished/atónitos, 23
astonishing/asombrosa, 21
astounded/estupefactos, 101
atrophy/atrofia, 23
attack/arremeter, 20
attain/alcanzasen, 11
attitude/actitud, 6
attractive/majo, 153
audacious/audaz, 24
authentic/auténtico, 24
autobiography/autobiográfica, 24
avoid/esquiva, 97
awful/pésimo, 180

B

babbling/balbuceos, 26
background/trasfondo, 224

bacterial/bacterianas, 26
bait/carnada, 35
bandore/bandoneón, 26
bang/estampido, 98
banners/pancartas, 173
bargain/regatear, 199
barrel maker/toneleros, 223
basin/palangana, 172
bass drum/bombo, 29
bear/soportar, 216
beat/apaleados, 16
beaten/aporreados, 17
beating/latiendo, 146
beating/palpitante, 173
bedcover/cobertor, 43
beekeeper/apicultor, 17
beggar/mendigo, 158
begin/entablar, 90
behavior/comportamiento, 47
belfry/espadaña, 96
bellowing/berridos, 27
bellowing/bramado, 30
belongings/pertenencias, 180
bend/encorvado, 86
bend/recodo, 196
bequeath/legarse, 147
beret/birrete, 28
bewildered/aturdido, 24
blacksmiths, herreros, 124
bleak/sombrío, 215
bless/bendecir, 27
blind/cegara, 37
blind person's guide/lazarillo, 146
bloodhounds/sabuesos, 209
blurt out/desembuchar, 69
blushed/ruborizado, 208
boast/alardear, 10
boasting/jactándose, 143

Índice

boiling/ebullición, 81
boleros/boleros, 29
bonds/ligaduras, 149
bordering/lindando, 150
bore/pelmaza, 177
bow/reverencia, 205
box/palcos, 172
box seat/butaca, 31
boycott/boicot, 28
brakeman/guardafrenos, 121
brandish/blanden, 28
brave/valeroso, 226
break /ruptura, 208
breakdown/colapso, 44
bribes/sobornos, 214
brigade/brigada, 30
brilliance/fulgor, 115
brilliant/flamante, 111
brilliant/genial, 117
broken/mocha, 161
brook/riachuelo, 206
brotherhood/confraternidad, 49
bruised/magullado, 153
bubbling/borbotones, 29
bubbling/hervidero, 124
bud/pimpollo, 182
bunch/manojo, 155
burlap/arpilleras/19
burn to a crisp/achicharrarse, 4
burrow/madriguera, 152
burst in/irrumpió, 142
businessman/empresario, 85
busy/atareados, 22
busybody/mogollón, 162
buzz/zumbido, 236

C

cactus leaf/pencas, 177
cajun/cajún, 32

camouflage/camufló , 33
campaign/campaña, 33
candlewick/pabilo, 172
candy/confite, 49
canvas/lienzo, 149
capable/capaz, 34
capsule/cápsula, 34
captivated/cautivado, 36
captivity/cautiverio, 36
captured/pasmado, 175
caravel/carabela, 34
carom/carambola, 34
carry/conlleva, 50
carry out/ejecutar, 81
cataclysm/cataclismo, 35
catastrophic/catastrófico, 36
catch/pillado, 181
categorical/categóricas, 36
cautious/precavido, 186
cavity/cavidad, 36
celebrities/célebres, 37
censurable/censurable, 37
ceramic/cerámica, 37
ceremonial/ceremonial, 38
certainly/ciertamente, 41
certainty/certeza, 38
certificates/certificados, 38
challenge me/retarme, 205
channeled/encauzaron, 86
charity/beneficencia, 27
chatter/parloteaba, 175
chatterbox/charlatán, 39
cheer/vitorearla, 231
cheers/porras, 185
cherished/albergaba, 10
chicano/chicano, 40
chiffon/gasa, 117
choice/elección, 82
choked/atragantó, 23

cholera/cólera, 44
chopping block/tajo, 219
choreography/cronológico, 55
chronicle/crónica, 58
chronological/cronología, 58
circumstances/circunstancias, 42
circus worker/cirquera, 42
civilian/civil, 42
claimed/alegó, 11
claims/reclamos, 196
clans/clanes, 42
clear/despejados, 71
clear/diáfana, 76
cleared one's throat/carraspeaba, 35
clever/astuto, 22
clever/mañoso, 156
cleverly/disimuladamente, 78
cliffs/farallones, 106
climbed up/encaraman, 86
clinging to/aferrados, 8
clod/terrones, 221
cloister/claustro, 43
clouded over/encapotaba, 86
clowns/bufones, 31
clubs/garrotes, 117
codex/códices, 43
codify/codificar, 43
coexist/convivir, 54
coffin/féretro, 108
cold meat/fiambre, 109
collaboration/colaboración, 44
collapse/desplomó, 72
collect/recaudación, 195
collective/colectividades, 44
collisión/colisión, 45
colonial/colonial, 45
colossal/colosal, 45
Columbian dance/cumbia, 59

come together/confluía, 49
comforted/reconfortado, 197
common/comunal, 47
common/corriente, 56
commotion/conmoción, 50
commotion/revuelo, 206
community/comunitario, 47
compartments/compartimiento, 46
compensate/compensar, 46
competed/rivalizado, 207
compile/recopilar, 197
complex/complejo, 46
complexion/tez, 222
complicity/complicidad, 47
conceited/engreído, 88
conceive/conciben, 48
concentration/concentración, 47
concerning/concerniente, 48
concession/concesión, 48
concoctions/brebajes, 30
concrete/concreto, 48
concrete/hormigón, 126
condense/condensa, 48
condescension/displicencia, 78
confession/cofesión, 48
confinement/confinamiento, 49
conflict/conflicto, 49
conformity/conformidad, 49
confrontation/confrontación, 49
confuses/atonta, 23
congregate/congregarse, 50
congressman/congresista, 50
conscious/consciente, 50
consciousness/conciencia, 48
consecutive/consecutivo, 50
considerate/considerado, 51
consistency/consistencia, 51
consolation/consuelo, 52

console/consolar, 51
conspiracy/conspiración , 51
constellations/constelaciones, 51
constitutional/constitucional, 52
constructive/constructivas, 52
consumed/consumió, 52
consumed/ingería, 135
contain/contener, 53
contemplate/contemplar, 52
contemporary/contemporáneos, 53
continue/prosiguió, 190
contracted/encogió, 86
contraction/contracción, 53
contractor/contratista, 53
contribute/aportar, 18
contribute/contribuir, 53
controversy/controversia, 54
convalescence/convalecencia, 54
convince/convicción, 54
conviction/ convincente, 54
convulse/ convulsivamente, 55
convulsive grin/rictus, 206
cooking/cocción, 43
cordial/cordialmente, 55
cordon off/acordonar, 5
corners/comisuras, 46
correspondent/corresponsal, 56
cottage/chalet, 39
coupons/cupones, 60
court/cortejarlas, 56
covered/encabuyada, 86
covered/ensabanaba, 89
covered/revestido, 205
covered with chocolate/
    enchocolatadas, 86
coved/codiciados, 43
cozy/acogedor, 4
crack/chasquear, 39
crack/grieta, 120
crack/rendija, 201
crack/resquicio, 204
cracked/resquebrajaron, 204
crackle/crepitante, 57
cramp/calambre, 32
crates/guacales, 120
crawl/reptando, 202
crazy/descabellada, 67
creation/creación, 57
crest/cresta, 57
crestfallen/cabizbajo, 32
criminal/criminal, 57
criminal/malhechor, 154
crimson/carmesí, 35
crouched/agazapado, 9
crouching/cuclillas, 59
crowd/gentío, 118
crowd/muchedumbre, 163
crowded/agolparse, 9
crown of head/coronilla, 55
crucial/crucial, 58
cruelty/crueldad, 58
crumble/desmoronado, 71
crumbs/migas, 160
crushed/estrujado, 101
crypt/cripta, 57
cubism/cubismo, 58
cubs/oseznos, 171
culinary/culinarios, 59
culture/culturas, 59
cured/curada, 60
curious/inquisitivas, 137
curl/encrespada, 87
curse/maldigo, 153
custody/custodia, 60
custom/usanza, 225
cut down/talan, 219

D

damage/estragos, 99
damaged/deteriorado, 74
darkened/ensombrecerse, 90
darn/zurce, 236
date/datan, 61
day's wages/jornal, 143
daytime/diurna, 79
deadly/letales, 148
deadly/mortífera, 163
deafening/atronadores, 24
debate/debate, 61
debut/debuté, 61
decipherable/descifrable, 67
decrease/decrecer, 61
dedication/dedicación, 62
deduction/deducciones, 62
deeply involved/enfrascado, 88
defeats/derrotas, 65
defense/defensa, 62
defenseless/indefenso, 132
defiant/desafiante, 65
deficiency/deficiencia, 62
deformed/contrahecho, 53
degrade/degradan, 62
dehydrate/deshidratada, 70
deities/deidades, 62
delay/demorar, 63
delayed/pospuso, 185
delegate/delegar, 63
deliberately/deliberadamente, 63
delicious/deliciosos, 63
delight/deleite, 63
delirious/delira, 63
demand/exige, 103
demonstrators/manifestantes, 155
densely/densamente, 63

dented/abollado, 2
dependences, dependencias, 64
deposits, depósitos, 64
deposits/yacimientos, 234
depression/abatimiento, 1
depression/depresión, 64
derives/deriva, 64
descendants/descendencia, 67
deserted/yermo, 234
desist/desistía, 70
despises/desprecia, 73
destined/destinada, 73
detect/detectar, 74
determination/determinación, 75
detested/aborrecería, 2
detonate/detonación, 75
devastated/devastada, 75
device/dispositivo, 78
devoted/devota, 75
devotion/devoción, 75
devour/devora, 75
diabetes/diabetes, 75
dictate/dictadas, 76
die down/amainar, 12
digest/digerir, 76
diligence/diligencias, 76
din/algazara, 11
diorama/diorama, 77
direct/encaminas, 86
dirty/pringas, 188
disabled/discapacitados, 77
disagreed/disentí, 78
disappeared/esfumó, 95
disappointed/defraudada, 62
disappointment/desilusión, 70
disapproval/desaprobación, 66
discharge/licenciar, 149
disclose/divulgar, 79

discolor/desteñía, 73
disconsolate/desconsolados, 68
discontinuous/discontinuo, 77
discord/discordia, 77
discouraged/desalentada, 66
discouraged/descorazonado, 68
disdainful/desdeñosa, 68
disgust/repugnancia, 202
dishonest/deshonesta, 70
dislocated/zafó, 235
dismay/consternados, 52
disoriented/desorientados, 71
distaff/rueca, 208
distinctions/distinciones, 79
disturb/pertuban, 180
disturbing/desconcertante, 67
dizzyingly/vertiginosamente, 229
domesticate/domesticación, 80
donations/donaciones, 80
doughnuts/sopaipillas, 216
downpour/chaparrón, 39
downpour/chubasco, 41
dowry/dote, 80
doze/dormita, 80
drabbish/pardusco, 175
dragging/arrastrando, 20
drain/drenar, 80
drainage/desagüe, 66
drastically/drásticamente, 80
dreaded/temida, 220
dream/ensoñación, 90
dribbling/driblando, 80
drive/impulsar, 130
drive away/disipó, 78
drone/zángano, 235
dummy/maqueta, 156
dump/vertedero, 229
dungeon/calabozo, 32
dwelled/moraban, 162

dye it/tiñiéndola, 222
dynasty/dinastía, 77

E

eager for/ávida, 25
eagerly/afanosamente, 8
eagerness/ahínco, 10
ear of corn/mazorcas, 157
earthenware bowl/cuenco, 59
eccentric/excéntrico, 102
ecologists/ecologistas, 81
economically/económicamente, 81
ecstasy/extasiado, 105
edible/comestibles, 45
eerie/espectral, 96
efficient/eficiente, 81
effort/esfuerzo, 95
electrifying/electrizante, 82
elegance/elegancia, 82
emanate/emana, 82
emancipation/emancipación, 82
emblem/emblema, 83
emerge/emerger, 84
emerge/surgiendo, 218
emigrate/emigrar, 84
emission/emisión, 84
emphasize/acentuar, 4
emphatically/enfáticamente, 87
emporium/emporio, 85
empty/vaciado, 226
enamel/esmalte, 96
encourage/fomentar, 112
endless/interminable, 139
endless/sinfín, 214
endure/subsistir, 217
energetic/enérgico, 87
enigmas/enigmas, 88
enjoy/gozar, 119
enraged/embravecido, 83

enraged/enfurecido, 88
enthusiast/aficionado, 8
enthusiastic/entusiasta, 91
entomology/entomología, 91
entomophobe/
　entomofóbicos, 90
environment/entorno, 91
equidistant/equidistante, 92
equivalence/homologación, 126
erect/erguida, 92
escape/fuga, 115
escort/escoltado, 94
ethnic/étnicos, 101
evacuation/evacuación, 101
evening party/velada, 228
eventuality/eventualidad, 101
exception/excepción, 102
excessive/excesivo, 102
exclude/excluido, 102
exemplary/ejemplar, 81
exhale/exhalaba, 102
exhaled/espiró, 97
exhausted/exhausto, 103
exhibit/exhibe, 103
exodus/éxodo, 103
exotic/exóticas, 103
expectation/expectación, 103
expedition/expedición, 104
expel/expulsión, 104
experiences/vivencias, 231
expert/experto, 104
expire/expire, 104
explosives/explosivos, 104
extermination/exterminio, 105
extinction/extinción, 105
extraction/extracción, 105
exuberant/exuberante, 105

F

fables/fábulas, 106
face/faz, 107
fade out/desvanecieron, 74
failure/falla, 106
failure/fracaso, 113
faith/fe, 108
fall silent/enmudecer, 89
fame/fama, 106
famous/afamados, 8
fantastic/chulada, 41
fantastic/fantásticos, 106
far away/lontananza, 151
farce/farsa, 107
fascinating/fascinación, 107
fast/ayunar, 25
fearless/ intrépidas, 140
feast/ festín, 109
feat/proeza, 189
feats/hazañas, 123
fed up/harto, 122
fellow man/prójimo, 190
fertility/fertilidad, 108
fertilize/fecundar, 108
fertilizers/fertilizantes, 109
fervor/fervor, 109
fiction/ficción, 109
fierce/feroz, 108
fierce wind/vendaval, 228
fiery/fogoso, 112
fight/lidiar, 149
filed/limados, 149
filming/rodaje, 207
filthy/inmunda, 136
fine/finísimas, 110
fire hydrant/hidrante, 124
firebreak/cortafuegos, 56

Índice

first appearance/primicia, 188
first-born/primogénito, 188
fit/embonan, 83
flank/flanco, 111
flash/destellaba, 73
flashing/centelleando, 37
flat/chata, 39
flat/llano, 151
flattered/halagada, 122
flocks/bandadas, 26
flooded/anegado, 14
fluff up/mulle, 164
flutters/revolotea, 206
focus/enfocarse, 88
foggy/neblinoso, 165
fold/doblegue, 79
foliage/follaje, 112
foolish/insensato, 137
foolish/necio, 165
foolishness/leseras, 147
forced/forzados, 113
forded/vadeaban, 226
foreigners/foráneos, 112
forked/bífida, 27
form/formulario, 113
form an opinion/juzgo, 144
formal/formales, 112
fortifications/fortificaciones, 113
fortress/alcázar, 11
forward/abalanzó, 1
foul/maloliente, 154
foundations/cimientos, 42
founder/fundador, 115
fractured/fracturado, 113
fragile/frágil, 114
fragrant/oliente, 169
frame/montura, 162
frames/bastidores, 27

frantically/frenéticamente, 114
frayed/deshilachaba, 70
freed/librado, 149
frightened/escamado, 93
fringes/flecos, 111
frolic/retozar, 205
frontier/frontera, 114
frown/entrecejo, 91
frustration/frustración, 114
fugitives/fugitivos, 115
full/colmado, 45
full/plenamente, 184
full/repleta, 202
fully/creces, 57
fundamentals/fundamentales, 115
funds/fondos, 112
funnel/embudo, 84

G

gala/gala, 116
galleons/galeones, 116
galvanized/galvanizado, 116
gaze/mirada, 160
gemologist/gemólogo, 117
generate/suscita, 218
generation/generación, 117
gentile/apacible, 16
gentleness/mansedumbre, 156
genuflexion/genuflexión, 118
gesticulate/gesticular, 118
gesture/ademán, 6
gesture/gesto, 118
get off/apearon, 16
ghetto/gueto, 121
gibberish/algarabía, 11
gills/agallas, 8
give a cold to/acatarraba, 3
give water/abrevar, 2

gladiolus/gladiolos, 118
glass beads/abalorios, 1
glass canopy/marquesina, 156
gloomy/mustia, 164
gloomy/tétrico, 221
glorious/glorioso, 118
gobbling up/engullendo, 88
godfather/compadre, 46
gospel/gospel, 119
gossip/habladurías, 122
governmental/gubernamental, 121
grace/merced, 159
gradually/gradualmente, 119
gradually/paulatinamente, 176
grant/conceder, 47
grasp/empuñando, 85
grass/zacate, 235
grassy/herbosa, 123
gratifying/gratificante, 119
graze/pacen, 172
gregarious/gregario, 120
grieve/afligidos, 8
griffe/glifos, 118
groan/gemir, 117
grooves/ranuras, 194
grubs/gorgojos, 119
grudge/rencor, 201
grumble/refunfuño, 198
guarantee/garantizar, 116
gushed/manaba, 155
gust of wind/bocanada, 28
gust of wind/ráfaga, 193

H

habitat/hábitat, 122
handle/manubrio, 156
handled/manoseaba, 155
harassed/acosaban, 5
harm/perjudicado, 179

harmful/dañinos, 61
harmful/nocivas, 166
harmony/armonía, 19
harness/aparejos, 16
harness/arreos, 20
harsh/adusto, 7
harvester/pizcadores, 182
hastily/apresuradamente, 18
headed/encabezaron, 85
heavy breathing/resoplidos, 203
hectic/ajetreaba, 10
helpless/desamparado, 66
helpless/vulnerable, 232
herd/hato, 123
hiccupped/hipaba, 124
hiding place/escondrijo, 95
hieroglyphics/jeroglíficos, 143
historians/historiadores, 125
hoist/izar, 142
hole/boquete, 29
holidays/feriados, 108
hollow/oquedades, 170
homesickness/nostalgia, 167
homestead/heredad, 123
homesteaders/ejidatarios, 82
honest/honrado, 126
hook/anzuelo, 15
hook/enganchada, 88
hornpipe/chirimía, 40
hospitality/hospitalidad, 126
hostage/rehén, 199
hostilities/hostilidades, 126
hot springs/termales, 221
howled/ululaba, 225
hubbub/bullicio, 31
huge/descomunal, 67
hum/canturrea, 33
hum a tune/tararear, 220
humiliation/humillación, 127

humorous/humorísticos, 127
hunger/hambruna, 122
hurricane-like/hurucanados, 127
husky/fornido, 113
hut/choza, 41
hypnotized/hipnotizantes, 125
hysterical/histérico, 125

I

icy/gélidas, 117
identity/identidad, 128
igneous/ígneo, 128
ignorant/ignorados, 128
ill-fated/aciagos, 4
ill-fated/nefasto, 165
illustrate/ilustran, 128
immemorial/inmemoriales, 136
immense/inmensa, 136
immigrants/inmigrantes, 136
immutable/inmutable, 137
impact/impacto, 128
impassable/intransitables, 140
impassible/impasiblemente, 128
impatience/impaciencia, 128
impeccable/impecable, 129
impertinent/impertinentes, 129
implement/implementar, 129
implementation/implantación, 129
implore/implorando, 130
importance/envergadura, 91
imposing/imponente, 130
improvised/improvisadas, 130
impute/imputados, 130
in advance/anticipación, 15
inability to adapt/
    desadaptación, 65
inborn/innatas, 137
incense/incienso, 131
incidents/lances, 145

incite/incitándolos, 131
income/ingresos, 136
incorporate/incorporados, 131
increase/acrecentó, 5
incrusted/incrustada, 131
incurable/incurable, 132
indication/indicio, 132
indifference/desgano, 69
indignation/indignación, 132
indiscriminate/indiscriminada, 132
indispensable/indispensable, 133
indissolubly/indisolublemente, 133
indistinguishable/
    indistinguibles, 133
inert/inertes, 133
inexorable/inexorable, 134
infallible/infalible, 134
infection/infección, 134
infested/infestado, 134
infested/plagados, 183
infinite/infinita, 134
inflamed/enardecida, 85
influence/influencia, 135
informal/informal, 135
inheritance/herencia, 123
initiative/iniciativa, 136
injuring myself/lesionarme, 148
innkeeper/posadero, 185
innocently/ingenuamente, 135
insane asylum/manicomio, 155
insinuate/insinuar, 138
insistence/empeño, 84
insistently/insistentemente, 138
insolent/descaro, 67
insomnia/insomnio, 138
inspire/inspiración, 138
inspired/infundía, 135
instant/santiamén, 210
instill/inculque, 132

instinct/instinto, 138
insult her/insultarla, 138
intense/intensa, 139
intensified/agudizado, 9
intentions/intenciones, 139
interpreter/intérprete, 139
interrupted/interrumpido, 140
intervene/interponía, 139
intervention/intervención, 140
interweave/entretejen, 91
intimidate/intimidante, 140
intoxicated/embriagados, 83
intricate/intrincados, 140
intrinsic/intrínseco, 141
introverted/introvertido, 141
intrusive/intruso, 141
invaluable/inestimables, 134
invented/ingeniaste, 135
invincible/invencible, 141
involved/involucradas, 141
iridescent/irisado, 142
ironic/irónica, 142
irreproachable/irreprochable, 142
irrigate/irrigación, 142
irritate/irritan, 142
irritated/molesto, 162

J

jagged/mellados, 158
jambalaya/jambalaya, 143
javelin/venablo, 228
joint/junturas, 144
jolt/tumbo, 224
judicial/judicial, 144
juggling/malabarismos, 153
jumble/revoltijo, 206
junk/cachureos, 32
junk/chatarra, 40
justify/justificar, 144

K

keel/quilla, 192
kick/puntapié, 192
kidnapped/raptaron, 194
kimono/kimono, 144
knock down/derrumbado, 65
knotty/nudosos, 167
knuckle/nudillo, 167

L

laborer/peón, 178
laborer/bracero, 30
labyrinth/laberinto, 145
lacandones/lacandones, 145
lacerate/laceraba, 145
lack of control/
    descontroladamente, 68
landowner/hacendado, 122
languid/lánguida, 146
lap/regazo, 199
large loaf/hogaza, 125
larvae/larva, 146
latinized/latinizadas, 146
laughingstock/hazmereír, 123
lawmakers/legisladores, 147
lazily/bartola, 27
lazy/haragana, 122
lazy/holgazán, 125
leader/cabecilla, 32
leader/líder, 149
leading lady/prima donna, 188
lean/escorar, 95
lean/magra, 152
leaned/inclinó, 131
leathery/correosa, 55
leave unguarded/
    desguarnecido, 69
left/sinestra, 214

Índice

left behind/rezagados, 206
legal/legales, 147
legendary/legendaria, 147
legionaries/legionarios, 147
leisure/ocio, 168
leprosy/lepra, 147
lessen/palio, 173
leveled/ras, 194
lexicon/léxico, 148
liar/embustera, 84
liberators/libertadores, 148
lie/yacía, 234
lift/levadizo, 148
lighting engineers/
　　luminotécnico, 151
lightness/ligereza, 149
limited/limitó, 150
limping/cojeando, 44
lineage/linaje, 150
lines/versos, 229
linoleum/linóleo, 150
linotypist/linotipista, 150
lithography/litográfías, 151
lively/vivaracha, 231
locket/relicario, 200
loincloth/taparrabos, 219
long canoe/piragua, 182
longing/añoranza, 15
look out corner of eye/rabillo, 193
loom/telar, 220
loose threads/hilachas, 124
loss/extravío, 105
lost in one's thoughts/
　　ensimismada, 89
lost voice/afónica, 8
loudspeakers/altoparlantes, 12
loyal/leal, 146
lunatic/lunático, 151
lure/atraer, 23
lute/laúd, 146
luxuriant/lozano, 151

M

machete/machete, 152
maelstrom/vorágine, 232
magnitude/magnitud, 152
main figure/protagonista, 191
main square/zócalo, 236
majaguas/majaguas, 153
majestic/majestuosamente, 153
make out/divisar, 79
make use of/valiéndose, 227
make worse/empeoraron, 85
malacology/malacología, 153
malicious/maliciosa, 154
malnutrition/malnutrición, 154
mania/mania, 155
manners/modales, 161
mannish/hombrón, 125
manuscript/manuscrito, 156
marinating/adobándose, 7
marionette/marioneta, 156
marrying age/casaderos, 35
martyrdom/martirio, 157
marvelous/prodigioso, 189
massive/masivo, 157
mastiff/mastín, 157
maturity/madurez, 152
medicinal/medicinales, 158
medicine men/chamanes, 39
meeting/asamblea, 20
melt/fundía, 115
memorable/memorable, 158
meningitis/meningitis, 158
mentor/mentor, 158
merciful/misericordiosos, 160
mercury/azogue, 25
merely/meramente, 159

merit/mérito, 159
mesquite/mezquite, 159
mess/lío, 150
meticulous/meticulosamente, 159
mighty/poderoso, 184
migratory/migratorios, 160
mild/benignas, 27
milky/lechoso, 146
minaret/minarete, 160
minister/ministro, 160
miserly/avaro, 25
miserly/roídas, 207
misfortune/desventura, 74
missiles/misiles, 160
missing/errando, 92
mission/misión, 161
mistakes/errores, 92
mistreated/maltratado, 155
mistrust/desconfía, 68
misunderstanding/
   malentendidos, 154
mockingly/burlonamente, 31
model/figurín, 110
modest/modesto, 161
modulate/modulan, 161
molasses/melaza, 158
moldy/mohoso, 162
monotonous/monótono, 162
moral of a story/moraleja, 163
mortar/morteros, 163
mortuary/mortuoria, 163
mosquitoes/zancudos, 235
motivate/motivación, 163
mound/montículo, 162
move/conmovió, 50
move/desplazado, 72
mud/fango, 106

muffle/amortiguan, 12
multicultural/multicultural, 164
mumps/paperas, 174
murals/murales, 164
murmured/murmuró, 164
mutiny/motín, 163
mutually/mutuamente, 164
mythical/mítico, 161

N

nandu/ñandú, 167
native/indígenas, 132
natives/nativas, 165
natural well/cenote, 37
naughtiness/picardía, 181
nausea/náusea, 165
near-sightedness/miope, 160
negotiable/negociable, 165
nervous/nervioso, 165
neurasthenic/neurasténico, 166
neuters/neutros, 166
newly-coined/cuño, 59
nobles/nobles, 166
nodules/nódulos, 167
noisily/escandalosamente, 93
nomads/nómadas, 167
nonagenarian/nonagenario, 167
nook/recovecos, 197
notice/percataban, 178
notion/noción, 166
novelist/novelista, 167
nudged/codazo, 43
nuisance/fastidio, 107
numb/entumecido, 91
nurse/lactan, 145

O

oarsmen/remeros, 200
objections/objeciones, 168
obsidian/obsidiana, 168
obstinate/reacio, 195
occasional/ocasionales, 168
ocular/ocular, 168
of the court/cortesanos, 56
offended/ofendido, 168
offer/oferta, 168
offering/ofrenda, 169
official/oficial, 169
officiate/oficiar, 169
old car/carcachita, 35
old stove/fogón, 112
old-fashioned/anticuados, 15
omen/augurio, 24
ominous/fatídica, 107
omit/omite, 169
open area/interperie, 139
open country/campiña, 33
open-mouthed/boquiabierto, 29
opinion/criterio, 57
opossum/zarigüeya, 235
opposite/inverso, 141
oppress/oprimía, 170
optical/óptica, 170
optimum/óptimo, 170
ordinary/ordinarios, 170
organizations/entidades, 90
ornament/ornamentos, 171
orphanage/orfelinato, 170
orthopedics/ortopédicos, 171
out of place/desubicado, 74
out of tune/deafinada, 65
outcome/desenlace, 69
outlandish/estrambótica, 100
outline/contornos, 53
outstanding/destacado, 73
ovation/ovación, 171
overcome/franquear/114
overflow/rebosaban, 195
overflowed/desbordó, 66
overjoyed/alborozada, 11
oversensitive/quisquillosa, 192
overthrown/destronado, 73
overwhelmed/abrumada, 2
overwhelming/agobiante, 9
owners/amos, 13

P

pacify/apaciguar, 16
pacify/pacíficamente, 172
pack/abarrotadas, 1
package/embalaje, 83
packed/atestados, 23
paleontologists/paleontólogos, 173
pandemonium/pandemonium, 174
panel/panel, 174
panorama/panorama, 174
pant/jadear, 143
pant/resolló, 203
pantry/despensa, 72
paralyze/paralizado, 174
parasitic/parasitarias, 174
parents/progenitores, 189
party/vacilón, 226
passion/pasión, 175
patched/remendado, 200
path/sendero, 211
patrimony/patrimonio, 176
patriots/patriotas, 176
patrolled/patrullaban, 176
pavilion/pabellón, 172

pawing/zarpazo, 235
pearly/nacarado, 165
pear-shaped object/perilla, 179
peculiarities/peculiaridades, 177
pedantic/pedante, 177
peddler/buhonero, 31
pedestrians/peatonales, 177
peel/monda, 162
penetrating/penetrante, 177
pension/pensión, 178
perceptive/perceptivas, 178
perceptive/perspicaces, 180
percussion instrument/güiro, 121
percussionist/percusionista, 178
periphery/periferia, 179
perished/perecieron, 178
permanent/permanente, 179
perplexed/perplejo, 179
perseverance/perseverancia, 179
perspective/perspectiva, 179
persuade/persuadir, 180
pertinent/pertinentes, 180
pessimist/pesimista, 180
pesticides/pesticidas, 181
petrified/petrificada, 181
pharaoh/faraón, 107
phenomenon/fenómeno, 108
philosophers/filósofos, 110
physiognomy/fisionomía, 111
pick up/captar, 34
pickers/recolectores, 197
pictorial/pictórica, 181
picturesque/pintorescas, 182
pieces/retazos, 205
pigsty/pocilga, 184
pile/pilotes, 181
pilgrimage/peregrinación, 178
pioneer/pionero, 182
pipe cleaners/limpiapipas, 150

pirouette/pirueta, 182
pistons/pistones, 182
pity/compadecerse, 46
place/paraje, 174
placidly/placidamente, 183
plafond/plafón, 183
planning/planificación, 183
plantation/plantación, 183
please/complacido, 46
plentiful/caudaloso, 36
plentiful/opíparamente, 169
plump/rolliza, 208
plunge/zambullida, 235
podium/podio, 184
poke/hurgó, 127
poliomyelitis/poliomielitis, 184
polish/pulir, 192
poll/sondeo, 216
pollution/contaminación, 52
poncho/poncho, 184
ponchos/huipiles, 127
pool/remanso, 200
port/babor, 26
port/portuaria, 185
posthouse/posta, 185
posture/postura, 186
potential/potencial, 186
pour/vierte, 230
practices/ejerce, 82
praising/alabando, 10
prayer/plegaria, 183
preacher/predicador, 187
precarious/precaria, 186
preceding/precediendo, 186
precipice/precipicio, 186
predicament/apuro, 18
predominately/
 predominantemente, 187
prehistory/prehistoria, 187

252 Índice

prejudice/prejuicios, 187
prelude/preludio, 187
preserve/preservar, 187
pressure/presión, 187
prestigious/prestigiosos, 188
pretended/fingió, 110
prevent/evitar, 101
prevent/impedir, 129
preventions/prevenciones, 188
pricked/pinchó, 182
primordial/primordial, 188
priority/prioridad, 189
prissy/melindrosa, 158
privilege/privilegio, 189
prize-winners/galardonados, 116
pro/pro, 189
procedures/trámites, 223
procession/procesión, 189
professor/catedrático, 36
profit/lucro, 151
profits/ganancias, 116
prohibition/vedas, 228
projections/proyecciones, 191
promotions/ascendentes, 20
pronounce/pronunciar, 190
propulsion/propulsión, 190
prospered/prosperaron, 190
protected/resguardadas, 203
prototype/prototipo/191
protuberance/protuberancia, 191
proud/enorgullece, 89
proverbs/proverbios, 191
prowls/merodear, 159
prudent/prudentemente, 191
psychic/psíquico, 192
public official/funcionario, 115
puncture/ponchó, 184
pungent/acre, 5

push-ups/flexiones, 111
put up with/apechugar, 16

Q

quakers/cuáqueros, 58
quarrel/reñida, 201
quarrelsome/pendenciero, 177
quick-witted/avispado, 25
quiver/carcaj, 35

R

racial/racial, 193
racing car/bólido, 29
racism/racismo, 193
racket/estrépido, 100
rage/ira, 141
rags/trapos, 224
raincoat/impermeable, 129
raise/encumbrar, 87
raise/yergue, 234
rajah/rajá, 193
ranch/finca, 110
rapid/rauda, 194
reactively/reactivamente, 195
realistic/realista, 195
rebelled/rebeló, 195
recall/evocar, 102
recent/recién, 196
reciprocal/recíproca, 196
recital/recital, 196
record/récord, 197
recovered/recobró, 196
recreate/recrear, 197
recycling/reciclaje, 196
red hot/candente, 33
redeeming/redentora, 198
referred/refería, 198
refined/refinado, 198

Índice 253

reflected/reflexionó, 198
refugees/refugiados, 198
refused/rehuso, 199
regionalism/regionalismos, 199
register/registro, 199
relationship/parentesco, 175
relax/relajarse, 200
relief/relevo, 200
reluctantly/regañadientes, 198
remainder/desecho, 69
remuneration/remuneración, 201
repeat over and over/
    cantaleta, 33
repercussion/repercusión, 202
repertory/repertorio, 202
replies/réplicas, 202
report/denunciarla, 64
reprimands/reprimiendas, 202
reproach/recriminó, 197
repulsive/detestables, 75
resentful/resentido, 203
residents/residentes, 203
resigned/resignado, 203
resolved/resuelto, 204
resound/resonaba, 203
respect/acatan, 3
respect/respeto, 203
responsibilities/
    responsabilidades, 204
retching/arcadas, 18
retired/jubilado, 144
retrospective/retrospectiva, 205
return/restituir, 204
rheumatism/reuma, 205
rhythmic/acompasaba, 5
rhythmic/rítmico, 207
right/acertada, 4
right/diestra, 76
rights/derechos, 64

rigorous/riguroso, 207
rioters/amotinados, 13
rise/remontar, 201
risk/riesgo, 206
ritual/ritual, 207
rival/contrincante, 54
rivets/remaches, 200
roamed/deambular, 61
roar/clamor, 42
roar/estruendo, 100
roar/fragor, 114
role/roles, 207
roll/apisonó, 17
roll up/arremangó, 20
rough/áspera, 21
roughness/brusquedad, 31
rowdy party/fandango, 106
rub hard/restregaba, 204
rubbish/escombros, 94
rude/grosera, 120
rules/regulaciones, 199
rumba/rumba, 208
rumor/rumor, 208
rumpled/desgreñó, 69
run over/arrollando, 20
rush/juncos, 144
rust/herrumbre, 124
rusted/oxidado, 171
rustic/rústico, 208

S

saber/sable, 209
sacred/sagrado, 209
sad/murriosa, 164
sagacious/sagaz, 209
salutation/salutaciones, 209
samba/samba, 210
sand down/lijar, 149
sarcastic/sarcástico, 210

sassy/respondona, 204
satiate/saciados, 209
satiny/santinada, 210
savor/paladear, 172
saying/dicho, 76
scaffolds/andamios, 13
scale/escala, 93
scarcity/escasez, 93
scared away/ahuyentaron, 10
scarlet fever/escarlatina, 93
scattered/desperdigadas, 72
scene/escena, 94
scholars/eruditos, 92
schoolboy/colegial, 44
sclerosis/esclerosis, 94
score/partituras, 175
screen/biombo, 28
scribble/garabato, 116
scripts/guiones, 121
scrutinized/escudriñábamos, 95
sculpt/esculpido, 95
scythe/guadaña, 120
seat/sede, 211
segregation/segregación, 211
seize/apresa, 18
selfish/egoístas, 81
self-sufficient/autosuficientes, 24
semolina/sémola, 211
sensible/sensato, 211
sensitive/sensible, 211
sentenced/sentenciados, 211
sep awake/desvelo, 74
separate/desmenuzar, 70
sepulchral/sepulcral, 212
serene/sosegada, 216
serious/graves, 119
serious/seria, 212
sermon/sermón, 212
settled/afincada, 8

settlements/asentamiento, 21
settlers/colonos, 45
severe/severa, 212
shackles/grilletes, 120
shacks/barracas, 26
shades/matices, 157
shake/estremecerse, 100
shank/canilla, 33
sharp/tajante, 219
shavings/virutas, 231
shawls/rebozos, 195
shed/cobertizo, 43
shelter/guarecen, 121
shelves/estantería, 98
shins/espinillas, 97
shooting pain/punzada, 192
short cut/atajo, 22
short films/cortometrajes, 56
show off/pavonearse, 176
shrill/estridente, 100
shrine/santuario, 210
shutters/postigos, 185
sickly/enfermizo, 87
silhouette/silueta, 213
silo/silo, 213
simulation/simulacro, 213
simultaneously/
    simultáneamente, 213
sinuous/sinuoso, 214
skepticism/escepticismo, 94
sketch/boceto, 28
sketch/bosquejo, 30
skimmed/rasando, 194
skimp/escatimar, 94
skin/desollar, 71
skin/despellejaba, 72
skinny/escuálido, 95
skinny/flacuchenta, 111
slander/calumniar, 32

Índice

slangs/modismos, 161
slanting/sesgo, 212
slaves/esclavos, 94
sleeping mate/petate, 181
sleepy/adormecido, 7
slender/esbelto, 92
slender/espigada, 97
slip away/escabullirse, 92
slits/hendiduras, 123
slogan/eslogan, 96
slope/declive, 61
slope/pendiente, 177
smashed/destrozado, 73
smear/embadurnados, 83
smile/sonrisa, 216
smithereens/añicos, 15
smoked pork sausage/chorizo, 41
sneered/mofó, 161
sniff/olfatear, 169
sniff out/husmear, 127
snipping/rampollos, 194
snooping/fisgoneando, 110
snowstorm/ventisqueros, 229
snowy/níveas, 166
snuggly/firmemente, 110
soft watery paste/gacha, 116
soldier/soldado, 215
solemnly/solemnidad, 215
solid/maciza, 152
soot/hollín, 125
sophisticated/sofisticado, 215
sore/dolorido, 79
source/fuente, 114
sovereign/soberana, 214
sparse/rala, 193
spattered/salpicados, 209
specialist/especialista, 96
speculative/especulativas, 96

speech/discurso, 77
spelling/ortografía, 171
spices/especias, 96
spill/derrama, 64
spine/dorsal, 80
spine/espinazo, 97
spiral/espirales, 97
spiral/volutas, 232
spiritual/espirituales, 97
spite/despecho, 71
splash/chapoteaba, 39
splint/entablilló, 90
spoil/estropear, 100
spoilsport/aguafiestas, 9
spokesman/portavoz, 185
sponsored/patrocinaba, 176
spotted/moteados, 163
spread/difunden, 76
spread/propagan, 190
spread out/desplegadas, 72
sprout/brotan, 31
spur/estribaciones, 100
squawk/graznido, 120
squeaked/chirrió, 40
squeeze/exprimir, 104
stab/cuchillada, 59
stability/estabilidad, 98
staff/asta, 22
stage/plataforma, 183
stained/manchado, 155
stained-glass window/vitral, 231
stakes/estacas, 98
stammered/tartamudeó, 220
standardized/estandarizado, 98
startled/sobrecogido, 214
startled/sobresaltado, 215
starvation/inanición, 131
statesman/estadista, 98

statistics/estadísticas, 98
stealthy/sigilosamente, 212
steel mills/acerías, 4
steep/empinada, 85
steep/escarpada, 93
stench/hedor, 123
stereotypes/estereotipos, 99
sterilized/esterilizados, 99
stethoscope/estetoscopio, 99
stick on/adherida, 6
stiff/yertas, 234
stifling heat/bochornoso, 28
stigma/estigma, 99
sting/escocía, 94
stingy/tacaño, 219
stipulate/estipulemos, 99
stocky/corpachón, 55
stop/cesar, 38
storms/temporales, 220
stormy/tormentoso, 223
strainers/coladores, 44
stranded/varada, 228
stratosphere/estratosférica, 100
strength/fortaleza, 113
strike/huelga, 126
string/sarta, 210
stubborn/obstinadamente, 168
stuff/mecharlos, 157
stuff oneself/atracar, 23
sublime/sublime, 217
subsidized/subvencionadas, 217
substance/substancia, 217
substantial/cuantiosas, 58
subtle/sutil, 218
sucked/liban, 148
sudden/repentino, 201
sudden/súbita, 217
suddenly/sopetón, 216

suffocating/sofocante, 215
suffragette/sufragistas, 217
sugary/almibaradas, 12
suitable/conviniera, 54
supersonics/supersónicos, 218
supply/abastecer, 1
supply/suministrarles, 217
supporter/partidario, 175
survey/encuesta, 87
suspense/suspenso, 218
sustenance/sustento, 218
swarm/enjambre, 88
swaying/vaivén, 226
swindle/embaucar, 83
swirled/remolineaba, 201
syllables/sílabas, 213
symbolic/simbólico, 213
syrup/jarabe, 143

T

table companions/comensales, 45
tablet/comprimido, 47
tacky/cursis, 60
taino/taínos, 219
take roots/arraigan, 19
talented/talentosa, 219
tame/domar, 79
tan/curtir, 60
tangle/maraña, 156
tangled/enmarañadas, 89
tangles up/empelota, 84
task/cometido, 45
tassel/borla, 29
tasty/sabrosura, 209
team/yunta, 234
tedious/tedioso, 220
tenacious/tenaz, 220
tense/crispado, 57

terminology/terminología, 221
terrific/chévere, 40
terrified/aterrorizados, 22
terrified/despavorido, 71
terrifying/pavorosa, 176
territory/territorio, 221
testified/atestiguaba, 23
testimonies/testimonios, 221
texture/textura, 221
thickness/espesura, 97
thieves/ladronzuelos, 145
thieves/saqueadores, 210
thin/grácil, 119
thistles/cardos, 35
threats/bravatas, 30
threshold/umbral, 225
throw off/despistarlo, 72
throw out sparks/
    chisporroteaba, 40
thundering/estentórea, 99
tidy/pulcra, 192
tight/tirante, 222
timber merchant/madereros/152
time zones/husos, 127
tireless/infatigable, 134
tiring/fatigosa, 107
toga/toga, 222
together/apiñados, 17
tolerant/tolerante, 222
tools/aperos, 17
toothless/desdentada, 68
topics/tópicos, 223
torn/desgarrada, 69
torture/suplicio, 218
tortured/torturaron, 223
touch/palpar, 173
touched/enternecido, 90
tow/remolcando, 201

town council/concejo, 47
traces/vestigos, 229
track/rastreó, 194
traditional/tradicional, 223
tragic/trágicos, 223
training/adiestramiento, 7
training/entrenamiento, 91
transcribe/transcribir, 224
transitory/transitorio, 224
translucid/traslúcidos, 224
travois/rastra, 194
tree insects/barrenillos, 26
tremulous/trémula, 224
tribute/homenaje, 126
trinkets/baratijas, 26
truce/tregua, 224
true/verídicas, 229
trust/fiar, 109
trustworthy/fiable, 109
truthfulness/veracidad, 229
tuned in/sintonizada, 214
turn pale/palidecer, 173
turn tail/rabicaída, 193
twinkling/titilando, 222
twisted/retorcidos, 205
typesetter/tipógrafo, 222
typical/típicos, 222

U

ufo/ovni, 171
unalterable/imperturbable, 129
unbreakable/inquebrantable, 137
unconscious/inconsciente, 131
uncontrolled/desenfrenado, 69
undeniable/innegable, 137
underbrush/maleza, 154
underground/clandestino, 42
uneven/accidentado, 3

uneven/desigual, 70
unexpected/inesperado, 133
unfairly/injustamente, 136
unforeseen/imprevista, 130
unforgettable, inolvidable, 137
unfortunate/desafortunada, 65
unfortunate/desdichada, 68
unions/sindicatos, 213
unison/unísono, 225
unlikely/improbable, 130
unloading/descarga, 67
unmistakable/inconfundible, 131
unnoticed/desapercibido, 66
unquestionable/
    indudablemente, 133
untamed/indómitas, 133
untied/desató, 66
unusual/insólito, 138
urgent/apremiante, 18
users/usuarios, 225
usual/habituales, 122
usually/solía, 215
utensils/utensilios, 225

V

vacant/vacante, 226
vague/vagos, 226
vain/vanas, 227
value/valorar, 227
valued/preciadas, 186
vandals/vándalos, 227
vanguard/vanguardia, 227
vaporous/vaporosa, 227
veered/desvió, 74
vehement/vehemencia, 228
velvet/terciopelo, 221
venerable/venerables, 228
verdict/veredicto, 229

vermin/alimaña, 12
verse/copla, 55
very intrigued/intrigadísimos, 140
veteran/veterano, 230
viaduct/viaducto, 230
vibrating/vibrante, 230
vice versa/viceversa, 230
vigil/vigilia, 230
vigorously/vigorosamente, 230
vines/lianas, 148
visas/visas, 231
vital/vital, 231
vociferate/vociferaba, 232
volunteers/voluntarias, 232
voracity/voracidad, 232

W

wake up/despabiló, 71
wandered/discurría, 77
warp/urdimbre, 225
waste/malgastarlo, 154
wavy/ondulantes, 169
weak/débil, 61
weakened/flaqueaban, 111
wean/destetada, 73
wedding/matrimonial, 157
weeding/escardando, 93
weightless/ingrávida, 135
welcomed/acogidos, 5
well-known/marras, de, 157
wet nurse/nodriza, 166
wheedle from/sonsacarle, 216
whim/capricho, 34
whimper/lloriquear, 151
whine/relincho, 200
whipped/azotado, 25
whispering/cuchicheo, 59
whose/cuya, 60

Índice 259

wild/fiero, 110
willows/sauces, 211
wince of pain/ribazo, 206
wonderful/magnífico, 152
wooden overshoes/choclos, 41
work/labor, 145
workday/jornada, 143
worries/inquietudes, 137
wrap/arrebujada, 20
writhe/serpenteantes, 212

Y

yawn/bostezó, 30
yearn for/anhela, 14
yield/ceder, 36
yoke/yugo, 234
young eagles/aguiluchos, 9
youthful/joven, 144

Z

zigzag/zigzagueaba, 236
zone/zona, 236